EL POBLADO DE LA BIBLIA

Curso de Biblia

EL CAMINO DE ISRAEL
Y EL CAMINO DE JESÚS:

Edición renovada

Paulinas

Título original: El Poblado de la Biblia
Autor: P. Javier Saravia, S.J.
Corrección: Equipo Paulinas México
Diagramación y portada: Israel Gómez del Villar C.

Aprobación Eclesiástica: Mons. Rafael García González

9ª Edición

©2005 Publicaciones Paulinas, S.A. de C.V.
Boulevard Capri 98 Col. Lomas Estrella - 09880 México, D.F.

ISBN 968-437-244-2

Presentación

"La Ley, los Profetas y otros escritos que les siguieron nos han transmitido muchas y grandes lecciones... Pero es necesario que los lectores no sólo adquieran sabiduría ellos mismos, sino que también, una vez instruidos, puedan ser útiles a los de afuera con sus palabras y escritos" (Presentación del traductor griego del libro del Eclesiástico).

El nieto de Jesús Ben-Sirá con grandes trabajos tradujo el libro escrito por su abuelo para animar y capacitar a los lectores de la Biblia a enseñarla al pueblo. Yo también escribí El Poblado de la Biblia para poner la Palabra de Dios en las manos y en el corazón del pueblo.

El P. Carlos Mesters, pionero y maestro de los 'Biblistas Populares' con sus libros: "¿Dios dónde estás?", "Por detrás de las Palabras" y "Flor sin defensa". También el pueblo, mi mejor alumno y maestro, con su sed por la Palabra de Dios, me motivaron a dar cursos y a escribir sobre temas bíblicos. En 1977 escribí el Manual de la Biblia para campesinos, germen en el nacimiento de El Poblado de la Biblia. En los últimos días de diciembre de 1981 di a una Comunidad Eclesial de Base un curso sobre Isaías 40-55, en la ranchería del Tinto, Tabasco. Ahí en una casita de paja a la luz de dos cachimbas de petróleo estudiamos el tema que titulé: "El abrazo de Dios". Sor Adriana Méndez Peñate me dijo que aquel era un lindo cuadro, pero que faltaba una pared para colgarlo. El anhelo de encontrar una explicación simbólica no me dejó dormir aquella noche, y así surgió la parábola de El Poblado de la Biblia. En la Chontalpa, para ubicar mejor a los participantes del curso visualicé algunas etapas del Camino de Israel.

En 1982 me operaron un ojo y en la recuperación di dos cursos bíblicos. Sentí la necesidad de leer más a fondo la Biblia y en 1983 pedí un año sabático para estudiar con Mesters en Brasil. Pero él se enfermó cuando íbamos a comenzar el curso para campesinos y pescadores. El encargado de convocar al curso nos despachó a todos a casa. Sentí tristeza, no sólo por no poder escuchar al amigo y maestro, sino porque no se le dio el alimento de la Palabra al pueblo.

En ese momento, 21 de marzo de 1983, nació el compromiso de escribir un libro para presentar la visión de conjunto de la Biblia: Antiguo Testamento y Nuevo Testamento con una metodología popular y práctica: pistas, dinámicas, textos, preguntas... para capacitar a personas para dar cursos de Biblia, aunque no sean super especialistas. El Poblado de la Biblia lo escribí en el camino, en cursos y seminarios, leyendo y escribiendo en algunas casas, pensando, imaginando y tomando notas en los autobuses. En Santiago de Chile, tuve que suplir a Carlos Mesters en un curso y ahí nació la idea de usar la sábana y los elementos de la naturaleza para representar al libro de la vida. Regresé a Plátano y Cacao, Tabasco y ahí durante los dos últimos meses del año estuve completando y puliendo El Poblado de la Biblia.

Urgía practicar, aprender del pueblo y experimentar, por eso en enero de 1984 recorrimos el camino de Israel en las comunidades de Buena Vista y el camino de Jesús en las comunidades del Tinto. Nuevas dinámicas, más símbolos y correcciones, cuánto trabajo y paciencia le costaron a mi prima Cepi Saravia irlas integrando al escrito.

Llevé aquellas páginas sueltas a dos casas editoriales, pero no se interesaron en el libro. El Poblado de la Biblia, nació en una imprenta casera, el 30 de abril de 1984 y lo estrenamos, en Guadalajara, el día siguiente en un curso de agentes de pastoral a nivel nacional. Di muchos cursos, retiros y encuentros por varias diócesis y parroquias de México. Agentes de pastoral, religiosas, sacerdotes, animadores y animadoras de las comunidades resultaron excelentes alumnos y maestros que dieron muchos cursos de El Poblado de la Biblia.

Escribí: *"El camino de la Iglesia, a partir de los Hechos"*. Necesitaba dinero para editarlo y fui a una librería y editorial y vendí, como Esaú, *"por un plato de lentejas"* los derechos de autor de El Poblado de la Biblia. Mi amiga Rosana Pulga, Hermana Paulina y biblista brasileña, el día del gran terremoto de México, 19 de septiembre de 1985, me ayudó a rescatar a este 'Pequeño Moisés' de las 'aguas editoriales'. Anulé el contrato y ella consiguió que sus Hermanas Paulinas editaran *"El camino de la Iglesia, a partir de los Hechos"* y El Poblado de la Biblia. Este libro no sólo ha sido reeditado en México por Publicaciones Paulinas, sino con mi venia, para no tacharlas de "ediciones piratas", en Colombia, Puerto Rico, Ecuador y Paraguay. De El Poblado de la Biblia salieron dos retoños en Brasil: O caminho de Jesús, en coautoría con la Hermana Rosana Pulga y O caminho de Israel. Se hicieron traducciones adaptadas en creol para dar El Poblado de la Biblia en Haití y no sé en qué lengua para darlo en un país de África.

Yo era el más sorprendido del éxito de El Poblado de la Biblia. Escribí otros libros para complementar su contenido: *"Tus Palabras son lámpara para el camino"*, *"Comentario a los diez Mandamientos"*, *"Los comienzos del camino"*, *"Lectura de los once primeros capítulos del Génesis"*, *"El camino de las Parábolas"*, *"El camino de Jesús"*, *"El Nuevo Testamento: Camino y obra de Jesús y las comunidades"*... *"La práctica y los nuevos estudios"* (Maestría en Teología Bíblica en Belo Horizonte, Brasil) me hacían ver la conveniencia de corregir y complementar datos, simplificar dinámicas, aclarar instrucciones, numerar preguntas... Por el trabajo y por el mismo éxito del librito lo seguía dejando caminar como había nacido.

Las Hermanas Paulinas me anunciaron su propósito de hacer la novena edición de El Poblado de la Biblia con nueva presentación y más actualizada. Me pidieron incluir los 'Misterios Luminosos' en la meditación del Rosario y lo que me pareciera conveniente corregir, añadir y suprimir. He tomado con gusto y empeño el trabajo de corregir y renovar esta novena edición. No se trata de hacer otro libro y quitarle su estilo sencillo y popular, sino sólo a partir de la experiencia de dar tantos cursos, he hecho cambios para actualizar datos, aclarar las instrucciones, simplificar dinámicas, ordenar y enumerar mejor las partes y momentos. Por ejemplo, en vez de tres partes, quedan: Una introductoria **visión de conjunto: La Parábola del Poblado de la Biblia** y dos partes: **El camino de Israel y el Antiguo Testamento; y El camino de Jesús y los Evangelios.** Datos complementarios sobre la primera etapa de los Patriarcas y Matriarcas y de la otra primera etapa Infancia y Vida Oculta de Jesús. Aclaraciones en la presentación de la Rueda de la Vida de Jesús, sobre todo en el significado simbólico de las figuras de estas seis etapas; también se clarifica mejor el proceso de la Tradición o de doña Memoria, se elimina la dinámica: 'Cristianos entre judíos y paganos', se incluyen los 'Misterios Luminosos', más algunos otros cambios.

Espero que estas mejoras ayuden a las personas, mujeres y hombres, que dan o toman cursos bíblicos y aún aquellas que ya conocen y han manejado El Poblado de la Biblia, creo que esta novena edición facilitará su servicio. Sabemos que el Espíritu Santo nos dará sabiduría para adaptar, escoger o quitar lo que consideremos conveniente para anunciar la Palabra de Dios y poner la Biblia en las manos y en el corazón del pueblo.

"Todo maestro de la Ley que se ha hecho discípulo del Reino de los cielos, es como un padre de familia que saca de su tesoro cosas nuevas y cosas viejas" (Mt 13,52).

El Autor

Visión de Conjunto:

EL POBLADO DE LA BIBLIA

Entrada al Poblado de la Biblia

¿Qué es la Biblia? ¿Cómo se escribió la Biblia? ¿Cómo leer la Biblia?

"Como la lluvia y la nieve caen del cielo, y sólo regresan allí después de empapar la tierra, de fecundarla, de hacerla germinar, para que dé semilla al que siembra y pan al que come, así será la palabra que sale de mi boca: no regresará a mí vacía, sino que cumplirá mi voluntad y llevará a cabo mi encargo" (Is 55,10-11).

Introducción al CURSO DE BIBLIA:

La Palabra, hemos dicho es semejante al agua, a la lluvia. Veamos estas gotitas de agua que cuelgan de mis dedos y van cayendo. ¿Cómo será posible que una gotita, la misma gotita de agua que cae en las montañas vaya a regar siembras y campos, a apagar la sed de personas cientos y hasta miles de kilómetros de distancia? ¡Qué maravilloso!... Respuesta del grupo... Sí, juntando muchas, muchísimas gotitas para formar hilitos de agua, arroyos y ríos... y así hasta llegar al mar. Pues un curso, como la palabra lo indica es algo que corre y hace correr, es una lluvia abundante de la Palabra de Dios. Y queremos mojarnos, empaparnos para beber y dar de beber y llevar esa agua a los que tienen sed. Pero tenemos que unirnos, formar un río, de personas y comunidades... En este curso vamos a ir haciendo las cosas de una manera viva, objetiva, de bulto o tercera dimensión para que sintamos y nos ayudemos a comprender y recordar. Por esto me permiten que los rocíe, con este ramo de flores que significan vida, unas gotitas de agua y así comenzar este curso, esta lluvia de la Palabra de Dios.

Ahora nos quedamos en silencio un momento, meditando:
¿Para qué hemos venido a este curso?, ¿Qué buscamos y qué queremos?

Nos juntamos por grupos de los lugares de donde venimos: comunidades, ranchos, parroquias, diócesis y nos presentamos.

De pie, uno o dos comunica brevemente a qué han venido. Les recibimos con un aplauso. Y así siguen los demás grupos.

A lo largo del curso procuraremos dar nuestros nombres, conocernos más, relacionarnos, sobre todo al participar en los grupos y en los momentos de descanso.

Durante el curso tendremos una fiesta mexicana para que ya desde ahora vayamos pensando, y preparando los números que vamos a presentar.

Han dicho que han venido a conocer la Biblia, a escuchar la Palabra de Dios, pues vamos con una dinámica a ver el primer libro que escribió Dios, EL LIBRO DE LA VIDA.

Dinámica: El Libro de la Vida

Material:
* Una sábana blanca y una tabla. Se colocará en el suelo como apariencia de libro.
* Unas figuras de sol, luna y estrellas (recortadas y coloreadas o vela encendida)
* Un montón de tierra, un frasco de agua, unas semillas, hierba, ramita de árbol.
* Si es posible: un pajarito en una jaula y un pez en un frasco de vidrio o figuras recortadas.
* Un animal vivo o fotografía o un producto de los animales.
* Una pareja de hombre y mujer.

Desarrollo de la dinámica:
- Colocamos en el suelo el libro de la vida, la sábana vacía.
- Leemos muy despacio: *"Al principio Dios creó el cielo y la tierra. La tierra estaba desierta y sin nada, las tinieblas cubrían los abismos mientras el Espíritu de Dios aleteaba sobre las aguas"* (Gn 1, 1-2).

- Vamos colocando oportunamente los objetos:

    y Dios creó las estrellas, el sol y la luna...

    y Dios creó el suelo seco llamado tierra y las aguas...

    y Dios mandó que la tierra diera semillas, pastos y árboles...

    y Dios mandó que se llenara de animales vivientes: peces, y
    otros animales...

    y vio Dios que todo era bueno. Y al último dijo: *"Hagamos al
    ser humano a nuestra imagen y semejanza... A imagen de
    Dios los creó: macho y hembra los creó"* (Gn 1, 27).

    Se pone una pareja sobre el libro de la vida.

    Y vio Dios que todo era muy bueno.

    Este es el libro de la vida: Por medio de él nos habló y nos
habla Dios... Pero, como dice san Agustín, cuando la humanidad
por el pecado cegó su vista y cerró sus oídos ya no pudo leer
ese primer libro que Dios había escrito en la naturaleza -en la
vida-, ni oír ahí su palabra...

- La pareja se da las espaldas y se tapan ojos y oídos. Dios fue
    preparando un segundo libro a través de la vida de un pueblo
    que Él escogió y de su historia de salvación. A este segundo
    libro es al que llamamos BIBLIA.

- Colocamos la Biblia sobre el libro de la vida. Y así, la Biblia es una ayuda, una luz nueva que nos permite volver a leer en el libro de la vida y en nuestra vida, escuchar y comprender la Palabra de Dios. Por lo tanto, el libro de la Biblia no debe estar separado del libro de la vida, sino dentro del mismo.

- Se mete una lámpara dentro de la Biblia: No para encandilarnos sino para iluminar el libro de la vida.

- Se mete un espejo dentro de la Biblia ¿Por qué es como espejo? Porque ahí en Abraham, Moisés, los Profetas, Jesús, comunidades, nos miramos a nosotros mismos.

Nosotros en este curso de Biblia vamos a tratar de conocer y gustar la Biblia para ponerla en práctica. Para esto lo primero y muy necesario es orar, pedir la ayuda de Dios.

Recemos juntos:
¡Ven oh Espíritu Santo!,
llena los corazones de tus fieles
y enciende en ellos el fuego de tu amor.
Envía, Señor, tu Espíritu y todo será creado
y se renovará la faz de la tierra.

Oremos:
¡Oh Dios! quien por medio del Espíritu Santo fuiste creando todas las cosas y guiando la historia, y bajo su inspiración tu pueblo fue escuchando y escribiendo tu Palabra, mándanos ese mismo Espíritu Santo para que nos dé su luz y su fuerza durante este curso a fin de que podamos comprender y poner en práctica tu Palabra. Te lo pedimos por Jesucristo Nuestro Señor. AMÉN.

PARÁBOLA: EL POBLADO DE LA BIBLIA

Para ayudarnos a entender mejor este libro, esta Biblia, haremos una comparación; proponemos una Parábola... Este libro es como un poblado: EL POBLADO DE LA BIBLIA.

Se dibuja en 2 cartulinas; en una el Antiguo Poblado y en otra el Nuevo. Se unen formando un libro. En medio, el Río Jesucristo. En las tapas se escribe: Antiguo Testamento y Nuevo Testamento. Se cierra para que se vea como libro.

Este libro, la Biblia, se parece a un poblado. De este lado, tenemos el Antiguo Testamento o Antiguo Poblado y de este otro lado tenemos el Nuevo Testamento, o Nuevo Poblado. En medio, está el Río Jesucristo. Río que da vida al libro de la vida y viene desde allá.

El Poblado de la Biblia, como todo poblado tiene calles (libros), casas (capítulos) y cuartos (versículos). El Poblado de la Biblia es grande y tiene un total de 73 calles: 46 en el Antiguo Poblado y 27 en el Nuevo Poblado, y esas 'calles' son muy distintas: unas largas, otras cortas, unas viejas, otras nuevas. También las 'casas' varían mucho en tamaño, forma y antigüedad.

Dinámica: Río Jesucristo

Material:
* Preparamos 7 diferentes bancas o tablas y una sábana retorcida para que quede alargada.
* Ponemos esta sábana como el Río JESUCRISTO que sale del libro de la vida trayendo en sus aguas cristalinas la Vida.
* Colocamos del lado izquierdo tres bancas que representan los barrios de los Historiadores, de los Profetas y de los Sabios, y del lado derecho cuatro bancas que representan los barrios de los Evangelios, de los Hechos de los Apóstoles, de las Cartas y del Apocalipsis.
* Abran su Biblia donde termina el Antiguo Testamento y donde comienza el Nuevo Testamento. Ahí en medio está el Río Jesucristo, a la izquierda el Antiguo Poblado y a la derecha el Nuevo Poblado... Y las calles o capítulos están agrupados conforme a los barrios que hemos visto.
Al inicio hay un INDICE, es como una mano amiga que nos señala e indica el rumbo, el lugar donde están barrios y calles.

Desarrollo de la dinámica:

Volvamos ahora al Poblado de la Biblia configurado con bancas o tablas. Notamos las diferencias de tamaños, de estilos, de material... Y es que el Poblado de la Biblia es un poblado muy popular, como esas ciudades que se han ido construyendo a lo largo de muchos años. Por eso encontramos en una misma calle unas casas más viejas que otras a las que, con el tiempo, se les fueron haciendo mejoras: se les agregaron o se les quitaron cuartos, o se modificaron las paredes para completarlos o arreglarlos.

Hay también algunas áreas remodeladas, remozadas... A veces buscan conservar el estilo antiguo, otras, hacen innovaciones que parecen parches. Descubrir y observar estos cambios de 'arquitectura' es tarea de los técnicos, de los biblistas o exégetas.

Un hecho importante es que el Poblado de la Biblia se levantó, se construyó, como un memorial o poblado-ciudad-monumento, para recordar y revivir dos grandes acontecimientos. El primer acontecimiento: LA PASCUA-ÉXODO, es el paso de Dios que liberó a su pueblo de la esclavitud de Egipto y selló con ellos las leyes de la Alianza. Este paso cimienta y configura el Antiguo Poblado. El segundo acontecimiento: LA PASCUA -muerte y resurrección- DE JESUCRISTO, es el paso de Dios para hacer llegar aquí y ahora el REINO por medio de su Hijo Jesucristo. Y con su huella cimienta y configura el Nuevo Poblado.

EL Río JESUCRISTO es el centro y eje de todo el Poblado de la Biblia. Por Él han sido creadas todas las cosas; con Él, Dios nos ha dicho su Palabra definitiva, y en Él, han sido salvados todos los hombres y mujeres y unificados todos los pueblos.

Por eso encontramos las calles del poblado de la Biblia corriendo paralelas y con el mismo sentido y rumbo hacia donde corre el Río Jesucristo: La comunión con el Padre. Y las ventanas y puertas todas asoman hacia el Río Jesucristo como queriendo mirar, encontrar EL CAMINO. Hay puentes sobre el Río Jesucristo construidos con textos o mensajes semejantes que están en los dos Testamentos y relacionan el Antiguo Poblado con el Nuevo Poblado. El Nuevo Testamento tiene muchas citas tomadas del Antiguo Testamento. Mateo, construye varios 'puentes-cita' en su Evangelio como vemos en el capítulo 2,15 "De Egipto llamé a mi Hijo", texto que encontramos en Oseas 11,1. También hay algunos puentes-referencia del Antiguo Poblado hacia el Nuevo Poblado. Por ejemplo, cuando el profeta Joel en el capítulo 3,1-3 sueña en que Dios derramará su Espíritu, lo comprobarán los Apóstoles en Pentecostés, Hechos 2,16-21. Hay puentes construidos por la esperanza mesiánica y otros para confirmarla.

En el Río Jesucristo encontramos una gran cascada. La cascada del Espíritu Santo donde se genera luz y fuerza para iluminar y mover al pueblo, El Poblado de la Biblia no es un poblado fantasma, muerto, sino un poblado vivo, lleno de vida y vivificador. Ahí encontramos al Dios del Pueblo y al Pueblo de Dios.

En el poblado encontramos vida: vida en los pozos de agua viva, en los monumentos que recuerdan encuentros del pueblo con su Dios y victorias sobre sus enemigos, en los cánticos e himnos de alabanza y súplica. Hay vida en los árboles que adornan las calles y alinean los camellones para dar sombra, alimento a los peregrinos hambrientos; en las flores y pajarillos que alegran los corazones entristecidos. Encontramos en sus barrios o colonias, glorietas de héroes y personajes quienes lucharon y dieron su vida por el Pueblo. Encontramos en el colorido de pinturas y paredes la vida de ingenieros y albañiles que trabajaron en la construcción de este poblado maravilloso.

Encontramos también problemas, sombras, baches, tropiezos y hasta muerte. Todo esto por los egoísmos, injusticias, infidelidades y pecado.

Con frecuencia los fracasos, las persecuciones y desgracias cayeron como una densa neblina sobre los hechos, sobre la construcción y algunas áreas del Poblado de la Biblia. La débil luz de la fe no penetraba plenamente el misterio de Dios y de la liberación del pueblo. El sol de Jesucristo resucitado y el soplo del Espíritu son los que disipan y clarean esa neblina. Así se va REVELANDO, quitando los velos para ver el texto del Antiguo Testamento; pero también el sentido de la historia y ahí al quitar velos (a veces máscaras), vamos descubriendo al mismo DIOS.

Por eso dice san Pablo: *"Hasta el día de hoy el mismo velo cubre la Antigua Alianza, pero al que se vuelve al Señor se le quitará el velo. El Señor es ESPÍRITU y donde está el Espíritu allí está la LIBERTAD"* (2Cor 3,14.17).

ACERCA DE LA ESCRITURA DE LA BIBLIA

a) Preguntas de tipo informativo

1. **¿Cómo** se fue construyendo el Poblado de la Biblia?
2. **¿Quién** construyó este Poblado de la Biblia?
3. **¿Dónde** se construyó el Poblado de la Biblia?
4. **¿Cuándo** se construyó el Poblado de la Biblia?
5. **¿Qué lengua o idiomas** se hablan en el Poblado de la Biblia?

Después de escuchar algunas respuestas iniciales y generales, vamos a detallar un poco, aunque en la primera y segunda parte se profundizará aún más.

b) Respuestas para estar más informados

1. Acerca de cómo se construyó el Poblado de la Biblia:

Dijimos que el Poblado de la Biblia era una ciudad-monumento, un poblado-testimonio de acontecimientos, de hechos reales. Cuando se levanta un monumento a algún héroe, o para conmemorar alguna hazaña o suceso, lo primero que tuvo lugar fue el hecho-acontecimiento histórico, luego el recordar y guardar en la memoria ese acontecimiento y finalmente construir el monumento.

Así fue también en la Biblia, en el primer momento sucedieron los hechos como signo visible-legible de lo pasado, en el segundo momento el pueblo platicó y transmitió esos acontecimientos, para lo cual tuvo que guardarlos en la memoria, en el tercer momento representantes del pueblo fueron anotando, resumiendo, escribiendo esos acontecimientos.

Podemos llamar a tres grandes personajes: Don Hecho, Doña Memoria y el Escritor... Con gestos, objetos o letrero que representen su papel.

Primer Momento:

EL HECHO HISTÓRICO

Segundo Momento:

LA MEMORIA DEL ACONTECIMIENTO

Tercer Momento:

LA ESCRITURA Y REDACCIÓN DE ESA HISTORIA

En estos tres momentos del proceso de la construcción del Poblado de la Biblia, encontramos dos factores muy importantes: La realidad o situación en que vive el pueblo y la fe de la comunidad. La realidad y la fe son como la arena y la cal del

17

cemento de la construcción del poblado. Estos dos factores influyen tanto en la realización de los hechos, como en el guardar y transmitir la memoria, y en el seleccionar, completar, resumir los hechos para escribirlos.

Por ejemplo, una carta resultará distinta si la escribo después de recibir una noticia alegre o después de sufrir una desgracia. También se considerará de distinto modo un mismo acontecimiento por una persona que tiene fe, que por otra persona que no tiene fe.

Debemos considerar que en el largo tiempo que se fue escribiendo la Biblia tanto la realidad, como la fe, fue madurando, teniendo cambios. Esto nos ayuda a comprender cómo en el proceso de construcción del Poblado de la Biblia encontramos tanta variedad y diferencias en el material usado, en la técnica empleada, en el estilo de trabajo y por lo tanto en los resultados.

En la construcción también había ondas, ideas y rachas según las circunstancias. Había épocas en que parecía que la construcción estaba detenida, aunque se estaba labrando el material en los canteros y puliendo en los talleres; se iba acumulando. En otras épocas se intensificaban las tareas y se hacían nuevos adelantos en el poblado. Se construían calles y casas, y se completaban y mejoraban las que ya existían. A veces tenían que derrumbar algo de lo construido.

Hacían lo mismo por ejemplo, en la calle del Génesis, el relato patriarcal se construyó con ladrillos viejos, en paredes nuevas. O por el contrario, con ladrillos nuevos se quería aparentar, remozando casas viejas, por ejemplo, en la calle del Deuteronomio donde, en boca de Moisés, se ponen palabras y asuntos correspondientes a un tiempo que sucedió 600 años después de que Moisés había vivido. Así se va haciendo y transmitiendo una REVELACIÓN progresiva.

El pueblo de Dios continuaba su camino, pero los cambios de la realidad, nuevos problemas y necesidades, les planteaban a su fe una búsqueda de nuevos caminos y soluciones.

Ve - Piensa - Actúa

Así, desde este presente volvían su mirada hacia el pasado para reencontrar de nuevo el Proyecto de Dios, aunque su mirada hacia esos hechos era con unos ojos nuevos, o por lo menos, distinta. Luego regresaban hacia su presente para aplicar y poner en práctica lo que habían visto y pensado y así lanzarse a seguir caminando en el futuro por el camino de Dios y por el camino del pueblo.

Esto los movía y comprometía también a continuar el Poblado de la Biblia, y entraban en una nueva racha de construcción. Por eso, a veces, en el Poblado de la Biblia encontramos repeticiones de la misma historia, aunque contada con distintos motivos y hasta de distinto modo.

Algunos ejemplos: Dos narraciones de la creación, dos narraciones de la vocación de Moisés y también tres presentaciones de David y así otras muchas cosas. Sin embargo, esto no es para confundir sino para comprender esas diferencias y hasta contradicciones. Y ahí descubrir el mensaje que tienen.

¿Podríamos ahora explicar nosotros algo de cómo se fue escribiendo la Biblia?

Resumen para afirmar:
La Biblia fue escribiéndose a partir de los hechos y acontecimientos principales que fue viviendo el pueblo, y luego con la tradición que el mismo pueblo fue guardando en su memoria y

platicando y que finalmente fueron escribiendo para conservar mejor su historia y conocer a su Dios y al pueblo. Debemos considerar dos factores que van evolucionando, que van cambiando: La situación de la realidad y la fe del pueblo.

2. Acerca de quién construyó el Poblado de la Biblia:

En el Poblado de la Biblia encontramos a un Dios que busca a su pueblo y un pueblo que busca a su Dios. La construcción de este poblado es fruto de ese encuentro y de la alianza que lo eterniza. El Poblado de la Biblia es un testimonio vivo que nos habla de una historia de amor y liberación. Dios y el pueblo son los protagonistas de esta historia de salvación: Hechos, memoria, tradición y escritura.

Pero ya más concreto ¿quiénes son los ingenieros, arquitectos, albañiles, peones de esa construcción?

Son jefes populares, legisladores, sacerdotes, escribas, maestros, historiadores, profetas, sabios, poetas, evangelistas, apóstoles, catequistas, liturgos, padres y madres de familia...

En el Antiguo Poblado nos resulta más difícil identificar a los autores, conocer sus nombres. Se suele clasificarlos en tres grupos: Historiadores, Profetas, y Sabios, por eso las calles del Antiguo Poblado se agrupan en los mismos tres tipos de barrios o colonias:

- **Los Historiadores** se preocuparon en construir casas y calles y no se preocuparon tanto del nombre y numeración de ellas y menos de ponerle su nombre, o dar constancia del autor pues además habían participado tantas manos distintas. Los Historiadores tomaron historias, leyendas que recibieron de la tradición del pueblo y las fueron uniendo, completando y acortando.
- **Los Profetas** hablaron, casi no escribieron. Fueron sus secretarios, alumnos y seguidores quienes recogieron su mensaje y su biografía o algo de su vida.

-**Los Sabios** son recopiladores de la sabiduría popular, y a sus colecciones, para darles prestigio e interés, les ponen nombres de personajes famosos. Sabiduría de Salomón, etc. En el Nuevo Poblado, por ser obras más recientes, por ser un tiempo en que se valoriza más al autor, y por la firma de las cartas, resulta más fácil identificar a los autores que son de dos tipos: Evangelistas y Apóstoles. Los barrios y colonias que se forman son: Evangelios, Hechos, Cartas y Apocalipsis.

En la primera y segunda parte del curso volveremos sobre estos autores para profundizar un poco más.

¿Podríamos explicar algo acerca de quién escribió la Biblia?

Resumen para afirmar:
La escribieron Dios y el pueblo. Particularmente personas y grupos como los Historiadores, Profetas, Sabios, Evangelistas y Apóstoles, inspirados por el Espíritu Santo.

3. Acerca de dónde se construyó el Poblado de la Biblia:

Para explicar este tema nos ayudaremos de un mapa. Pero consideremos que muchas personas del pueblo casi nunca han visto mapas. Por eso debemos hacer las preguntas y aclaraciones necesarias para que este estudio de geografía e historia nos ayuden a comprender la situación del pueblo de Dios.

ORIENTE ANTIGUO

El agua es la vida de los pueblos. Por eso, alrededor de grandes ríos se asentaron los grandes imperios: Los imperios del Oriente: Asiria, Babilonia y Persia, junto a los Ríos Tigris y Éufrates; y el imperio de Egipto, alrededor del Río Nilo.

Palestina, el país donde se asentó el pueblo de Israel, estaba situado entre el mar y el desierto, en las riberas del Río Jordán. Quedaba en medio, como un corredor de paso entre las grandes potencias. Era y es un lugar estratégico tanto desde el punto de vista comercial, como militar. Esto afectará fuertemente la situación y vida del pueblo.

22

Los emperadores querían controlar, dominar esa tierra para detener los avances enemigos y también para lanzarse por ahí a la conquista de los grandes territorios.

Grecia se interesó en el territorio palestino cuando extendió su imperio, y lo mismo el imperio romano años más tarde.

El pueblo de Israel, como veremos en la primera parte, sufrió muchas dominaciones. El Antiguo Testamento se escribió en distintos lugares:

- **En Palestina** tanto en el Reino del Norte, como en el Reino del Sur.
- **En Babilonia** donde el pueblo estuvo desterrado.
- **En Egipto** donde algunos israelitas estaban desparramados por las dificultades de vivir en Palestina.

El Nuevo Testamento se escribió en Palestina, sobre todo en la capital, Jerusalén, pero al salir a evangelizar y al ser perseguidos los apóstoles también escribieron desde ciudades griegas, romanas y otras del Asia Menor.

Los israelitas al estar y vivir en diferentes lugares fueron tomando ideas, costumbres, cultura de otros pueblos que influirá en su historia y su escritura. Pablo a veces indica desde dónde escribe sus cartas: desde la cárcel, o bien, al mandar saludos, nos descubre dónde está: *"les saludan las Iglesias del Asia. El saludo es de mi puño y letra, Pablo"* (1Cor 16,19.21).
¿Dónde se escribió la Biblia?

Resumen para afirmar:
La Biblia se escribió en Palestina. Esta tierra, entre el mar y el desierto era un corredor de paso, un lugar estratégico, comercial y militante. También se escribió algo de la Biblia en Babilonia, Egipto, Asia, Grecia y Roma.

4. Acerca de cuándo se construyó el Poblado de la Biblia:

Por lo que hemos estudiado, comprendemos que el Poblado de la Biblia se fue construyendo a lo largo de muchos, muchos años. También aquí, para explicar este tema, nos valdremos de la cinta del tiempo. Es importante considerar que para muchas personas sencillas resulta a veces complicado eso del tiempo antes de Cristo y tiempo después de Cristo. Con confianza podemos preguntar para aclarar bien esto.

Pues bien, como Cristo es el Centro de la Historia, se puso como fecha clave el nacimiento de CRISTO en el calendario que tenemos ahora. A la fecha que los científicos calcularon que había nacido Cristo le pusieron "año 1". De ahí para atrás van contando los años antes de Cristo, y de ahí para adelante los años después de Cristo. Vamos a poner la cinta del tiempo para entender mejor y colocar algunas fechas importantes. Se mide conforme a una escala. Si es posible podría conseguirse una franja o camino del tiempo ya impreso.

Notar que en el tiempo d.C. Si un hombre nació en 1960 d.C. su hijo que nace 30 años después nacerá en 1990 d.C. Mientras que en tiempo a.C. si el hombre nace en 1960 a.C. su hijo nacerá en 1930 a.C.

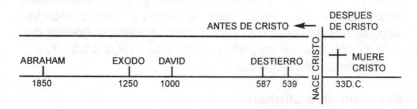

Decimos que Abraham vivió aproximadamente por los años 1850 a.C. y el Éxodo fue por los años 1250 a.C., el reino de David fue por el año 1000 a.C. Y Cristo nació el año 1 y lo mataron el año 33 d.C.

24

Esto nos va a ayudar a ver cuándo se fue escribiendo la Biblia.

Es probable que Moisés escribiera sólo un poco, lo fundamental, acerca de las leyes o mandamientos cerca del año 1250 a.C. En tiempos del rey Salomón, por los años 950 a.C. un grupo de historiadores empezaron a escribir algo del Génesis y del Éxodo y otros libros. La reforma deuteronómica, tiempo en el que se escribieron varios libros, fue alrededor del año 620 a.C. Las primeras cartas de san Pablo fueron por el año 50 d.C. Y el Apocalipsis por el año 100 d.C. O sea, que el Poblado de la Biblia tardó en construirse tal como lo encontramos ahora unos 1350 años. (Después volveremos a estudiar esto más a fondo).

¿Qué podríamos decir acerca del tiempo en que se fue escribiendo la Biblia?

Resumen para afirmar:
Consideraremos a Jesucristo como el Centro de la Historia y como fecha clave. Por eso contamos el tiempo en dos épocas: Años antes de Cristo y años después de Cristo. Abraham vivió en el año 1850 a .C. y nosotros estamos viviendo en el año 2000... d.C. La Biblia tardó en escribirse 1,350 años, desde el 1250 a.C. hasta el 100 d.C.

5. Acerca de los idiomas que se hablan en el Poblado de la Biblia:

El pueblo de Dios en su larga historia, caminó y vivió, como hemos visto, por varios países; aprendió y practicó distintos idiomas. La Biblia fue escrita en tres lenguas diferentes:

La mayor parte del Antiguo Testamento fue escrita en HEBREO, que era la lengua Palestina antes del destierro, en Babilonia. Ahí, durante 48 años en tierra extranjera, el pueblo fue olvidando hablar en hebreo y al regresar, hablaba más bien arameo. Sin embargo, la Biblia se seguía escribiendo y leyendo en hebreo.

Solamente un trozo del libro de Daniel se escribió en arameo. El libro de la Sabiduría, que fue el último en escribirse, se escribió en griego, porque ésta era entonces la lengua principal que se hablaba en muchas partes del mundo. Por eso, el Nuevo Testamento se escribió en griego.

Un grupo de 70 sabios en Alejandría de Egipto, antes de Cristo, tradujo el Antiguo Testamento del hebreo al griego para facilitar su lectura. Este hecho tiene cierta importancia para la Iglesia primitiva; por motivos apostólicos, tomó la Biblia de los 70 que incluía en su reglamentación 46 libros. Más tarde, el consejo judío, al regularizar los libros de su Biblia hebrea, en la época después de Cristo, quitó de la Biblia (A.T.) que habían traducido los 70 sabios, 7 libros: Tobías, Judith, Baruc, Eclesiástico, Sabiduría y los dos de los Macabeos, más algunas partes de los libros de Daniel y Ester.

Muchos años después, en 1521 cuando Lutero se separó de la Iglesia Católica, los protestantes tomaron la Biblia (A.T.) Hebrea. Eso explica por qué la Biblia de nuestros hermanos separados no tiene esos libros que indicamos.

La Biblia se escribió originariamente en esos tres idiomas que mencionamos: hebreo, arameo y griego. Sin embargo, se han hecho traducciones en unas mil lenguas o idiomas diferentes. En español, inglés, portugués, francés y hasta en dialectos de indígenas. Biblia en tzeltal, etc.

¿En qué lengua se escribió la Biblia?

Resumen para afirmar:
La Biblia se escribió en hebreo, arameo y griego. Pero hay muchas traducciones en las diferentes lenguas que hablamos hoy.

ACERCA DE LA LECTURA DE LA BIBLIA

Motivación:

Así como cuando vamos a visitar, a conocer o a entrar a una gran ciudad tenemos que dar varios pasos: tomar medidas, prepararnos, pedir ayuda, hacer preguntas a los que ya la conocen... así también para entrar en la Biblia, para leerla, tenemos que poner medios, pedir ayuda, hacer preguntas.

¿Qué preguntas haríamos?

Después de escuchar algunas respuestas iniciales y generales del grupo, vamos a tratar de buscar más a fondo esta orientación.

a) Preguntas de tipo orientador

1. ¿Por qué caminos podemos llegar y entrar en el Poblado de la Biblia?
2. ¿Cómo debemos disponernos y prepararnos para este peregrinar?
3. ¿Quiénes nos deben guiar y acompañar en el recorrido?
4. ¿A quiénes esperamos encontrar en el Poblado de la Biblia?

b) Respuestas para estar más orientados

1. Acerca de los caminos para llegar y entrar al Poblado de la Biblia:

Muchos y variados son los caminos. Tenemos que buscar y escoger los mejores, porque hay muchos que no nos llevan a la meta, o nos hacen dar rodeos, o están en malas condiciones. Por ejemplo, hay algunos a quienes les gusta entrar al Poblado de la Biblia en paracaídas, no sólo por aventura, sino por pensar que cualquier lugar del Poblado es bueno y ahí les espera Dios. A otros les gusta entrar en tren (metro) subterráneo para ir más deprisa y profundizar más, aunque a veces se quedan sin leer directamente la Biblia, ni conocer el pueblo, ni la vida...

Tres son los caminos que nos llevan al Poblado de la Biblia:

El camino de la realidad, el camino de la fe, y el camino de la ciencia o de las letras. Tres caminos se juntan y se hacen uno en el camino de la vida, el camino del amor.

Proponemos una representación para entender mejor:
Imaginamos los tres caminos que se unirán en uno solo o los señalamos en el suelo. En el camino de la realidad se colocan doce personas con instrumentos de trabajo que representan al Pueblo. En el camino de la fe se ponen tres personas con una vela cada una, representando a la Comunidad cristiana y el camino de la ciencia o letras lo representan dos personas cada una también con una Biblia abierta en actitud de estudio, varios libros grandes y anteojos.

Invitamos a todos a caminar y a unirse en un solo camino, el camino de la vida, el camino del amor.

Comprendemos así que el pueblo camina por el camino de la realidad, la comunidad por el camino de la fe y el texto de los libros, por el camino de la ciencia o de las letras... que luego se juntan en un solo camino, el de la Vida y entran por el Poblado de la Biblia.

Si abandonamos o desechamos alguno de los tres es muy fácil perderse: No escucharíamos la Palabra de Dios hoy, ni podríamos ponerla en práctica. Sin embargo, es muy fácil y común caer en tentación o extravío. El estudio de la Biblia, con frecuencia, pone e impone sus anteojos a los ojos del Pueblo (representarlo)... La comunidad a veces se queda aislada en la sacristía y en su grupito. El pueblo, sin la guía de biblistas populares, ni el acompañamiento de la comunidad, no se anima a leer la Biblia o cae en tropiezos en su lectura.

¿Cuáles son los caminos para leer la Biblia?

Resumen para afirmar:
Son tres: realidad, fe y ciencia, que se hacen uno, el camino de la vida y el amor por donde caminan el pueblo, la comunidad y el texto-lecturas.

2. Acerca de cómo debemos disponernos y prepararnos para este peregrinar:

Para viajar al Poblado de la Biblia, no necesitamos cambiarnos de ropa, ni de zapatos, ni necesitamos muchas viandas. Lo que sí necesitamos es cambiar de vida, convertirnos y llenarnos de fe, de esperanza y de amor... Y ponernos en camino dando los pasos de: ver, pensar y actuar.

El peregrino prepara todo su ser, cuerpo y espíritu, pues el hombre íntegro, completo, el que entra y camina por el Poblado de la Biblia es como biblioteca. Con frecuencia cerrada.

Tenemos las 7 llaves para abrirla y leerla... Siete personas las van representando con ademanes y posturas (Adaptar dibujo al nuevo orden que ahora se propone).

● **Los pies** firmes en la tierra en el camino de la vida, pues el peregrino de la Palabra no anda en las nubes, sino hace la lectura con realismo y compromiso. Da un paso con firmeza.

Instruye su cabeza

Afianza los pies

● **El corazón** lleno de amor, pues la Biblia es el libro de la Alianza entre Dios y su pueblo. No se puede amar a Dios si no se ama al pueblo. Pone una mano en el corazón.

Dispone su corazón

Ejercita la lengua

● **Los oídos** abiertos para escuchar la Palabra de Dios, en la voz del Señor y en el clamor del pueblo. Pone sus dos manos sobre sus oídos.

Agudiza sus oídos

Hace oración

● **Los ojos** abiertos, limpios y nuevos para ver la luz de la verdad y leer

Renueva sus ojos

los dos libros: el libro de la vida y el libro de la Biblia. Pone sus dedos índices para abrir mejor los ojos.

● **La cabeza** instruida y dispuesta para reflexionar sobre el sentido de los textos de la Biblia y para iluminar e interpretar mejor la vida y la historia. Pone una mano sobre la cabeza.

● **La boca** y lengua libres para anunciar la Palabra a los hombres y mujeres de nuestro tiempo. No podemos aprender, si no enseñamos lo que vamos leyendo. Abocina sus manos en la boca.

● **Las manos** juntas y nuestro cuerpo y espíritu en oración. La Biblia es libro de fe y no podemos leerla sin la ayuda del Espíritu Santo. Pone sus manos unidas.

Resumen para afirmar:

Invitamos a todos los participantes para representar los gestos simbólicos de estas siete llaves. Esta dinámica nos ayudará a grabar y recordar las actitudes para entrar al Poblado de la Biblia y así disponernos a abrir y leer mejor la Palabra de Dios. Nos detenemos un momento a reflexionar sobre el significado de cada llave: Damos un paso firme sobre la tierra... Ponemos una mano en nuestro corazón... Hacemos una conchita acústica con nuestras manos en los oídos... Con los índices abrimos nuestros ojos... Ponemos nuestra mano sobre la cabeza... Las manos abocinan la boca... Unimos las palmas de las manos...

Las 'siete llaves' no deben quedar sueltas, sino unidas como un llavero. Las siete personas que representaron las siete llaves se unen alrededor de una Biblia para formar el llavero de LA COMUNIDAD. Ponen una mano sobre la Biblia y con la otra se unen a una persona que esté a su lado. Así es la lectura comunitaria donde todos aportan y comparten sus dones.

3. Acerca de quiénes nos deben guiar y acompañar por el recorrido:

Caminar por el Poblado de la Biblia es difícil y riesgoso, porque para llegar y andar ahí, hay que atravesar por el camino de la vida y por el sendero de la fe. Son caminos de lucha, llenos de obstáculos y de oscuridades.

El Poblado de la Biblia es un poblado grande y a veces con calles muy oscuras. Ya algunos han perdido el camino, o han huido de los problemas y se han arrinconado. Otros, buscando sus propios intereses, han creado dioses a su medida. Otros como queriendo ayudar al pueblo, lo manipulan...

Por eso no podemos entrar al Poblado de la Biblia a solas, ni a ciegas, ni con guías ciegos. Debemos ser guiados por el Espíritu Santo y por la Iglesia.

Jesús nos dio su Espíritu para que nos guiara a la Verdad completa y por eso nos aseguró que convenía que Él partiera para que así pudiera enviarnos su Espíritu.

Jesús fue formando su Comunidad. En Pentecostés el Espíritu Santo confirma la Comunidad. La Comunidad empieza a crecer y van naciendo nuevas comunidades que en una comunión de Espíritu y participando de la misma fe forman la Iglesia. La Iglesia ha recibido la Palabra de Dios y la ha entregado a los pueblos.

La Biblia es un libro de comunidad, es el Libro de la Iglesia.

Un verdadero sentido eclesial nos ayudará a interpretar y practicar la Palabra de Dios, aquí y ahora. La Iglesia no es sólo un hombre, ni sólo una institución, sino que está formada por personas, hombres y mujeres que viven en comunidad. En las Comunidades Eclesiales de Base el pueblo se reúne en círculos bíblicos, liturgias, cursos, encuentros y otras reuniones para leer el libro de la vida ayudados con la Biblia.

Estas comunidades han nacido del pueblo por medio del Espíritu precisamente ayudadas fuertemente por la Palabra de Dios. Y también estas comunidades han promovido mucho un conocimiento más sencillo y popular de la Biblia. Esto va dando un gran aporte a la Iglesia universal y a las Iglesias locales. Por eso los obispos afirman en la reunión de Puebla: Las Comunidades Eclesiales de Base son motivo de alegría y espe-ranza, porque, las CEBS son Focos de Evangelización y Motores de Liberación.

¿Quiénes nos guían y acompañan en este leer e interpretar la Biblia?

Resumen para reafirmar:

El Espíritu Santo y la Iglesia nos guían y acompañan para leer e interpretar la vida y la Biblia; la Iglesia lo realiza con su magisterio, o sea, en el servicio de la Palabra, defendiendo la verdad con su vida comunitaria.

4. Acerca de a quién esperamos encontrar en el Poblado de la Biblia:

Lo más importante de una ciudad, de un poblado no son sus calles, ni sus casas, ni los parques y monumentos y demás elementos externos. Lo principal son sus habitantes, es su gente, la población.

Ya constatamos que el Poblado de la Biblia no está deshabitado, vacío y en ruinas; es un poblado vivo y ahí encontramos a los protagonistas de la historia y constructores del poblado.

Nosotros, al leer la Biblia, queremos encontrar al Dios del Pueblo, a los hombres del pueblo y a Jesucristo Dios y Hombre. Ellos nos esperan y nosotros también esperamos encontrarlos, conocerlos, convivir con ellos. Cuánta alegría nos da saber que en el Poblado de la Biblia tenemos unos amigos, verdaderos amigos; tenemos toda la vida para ir descubriéndolos más y más, para ir conociéndolos y amando mejor día a día. A lo largo del curso iremos teniendo la oportunidad de hacerlo realidad.

¿A quiénes esperamos encontrar al leer La Biblia?

Resumen para afirmar:

Al leer la Biblia esperamos encontrar a Dios, al pueblo, a Jesucristo y también a nosotros mismos.

Hemos contado la Parábola de la Biblia para describir un poco ese poblado, hemos respondido algunas preguntas informativas acerca de su construcción y finalmente hemos respondido unas preguntas orientadoras para entrar en el Poblado de la Biblia. Ahora, antes de proponer a los coordinadores del curso las notas metodológicas, vamos a proponer una meditación-oración que se pueda hacer en algún momento oportuno.

Meditación-oración sobre EL LIBRO DE LA VIDA:

Material:
Sábanas o petates o sólo enmarcar el suelo para figurar los LIBROS de la VIDA.

Se forman grupos de unas 7 personas. Cada grupo hace un libro de la vida, como en la dinámica del comienzo.

Cada persona coloca un objeto distinto, hay que buscarlo y lo pone sobre el libro de la vida (una toalla, silla, etc.) y luego el grupo se queda en silencio viendo y meditando sobre esos objetos.

Escuchemos lo que Dios nos habla a través de ellos.

Unos objetos han sido hechos por Él, otros por nosotros que somos co-creadores, sus colaboradores en el Universo. Comuniquemos brevemente lo que meditamos. Por ejemplo: "Este reloj que puso la hermana me hace pensar en aprovechar el tiempo..."

Damos gracias y alabamos a Dios por todo eso.
Cantamos algún canto.

También se puede hacer una meditación-oración de alabanza de todo el grupo alrededor del Libro de la Vida. Leer algunas estrofas del salmo 105; agregar alabanzas espontáneas.

Estribillo: Bendice, alma mía, al Señor.

NOTAS METODOLÓGICAS
PARA LOS ORGANIZADORES
Y COORDINADORES DEL CURSO

Un nuevo curso es un recorrido, una manera de realizar un estudio. El modo de hacerla va a depender en gran parte del grupo participante: su capacidad, sus inquietudes, tiempo disponible... Las personas y equipos que quieran dar este curso, con libertad y creatividad, adaptarán la metodología y las sugerencias según las diversas circunstancias.

1. Objetivo del curso: El Poblado de la Biblia.

Promover un conocimiento de la Biblia que nos capacite y anime a hacer una lectura: interpretación y aplicación más popular, sencilla y comprometida de la Palabra de Dios.

2. Meta:

Lograr una visión más de conjunto de lo que es la Biblia, cómo se escribió, cómo leerla y sobre el contenido básico del Antiguo Testamento y del Evangelio en el Nuevo Testamento.

3. Metodología: En forma dinámica.

a) **Presentación del Tema:** A partir de un diálogo de preguntas y respuestas con la gente y de explicaciones con ejemplos, símbolos, representaciones, dinámicas y ayudados por personas, objetos y dibujos (tercera dimensión), tratamos de presentar los temas de una manera sencilla, que ayude a comprender y recordar. Por ejemplo para presentar una visión de conjunto del camino de Israel o del camino de Jesús se puede hacer un mapa en vivo de la tierra donde anduvo el Pueblo de Dios y el coordinador de manera muy resumida y/o ayudado de tres personajes: Don Hecho, Doña Memoria y el escritor puede representar la historia y las principales etapas de estos caminos. Unas sábanas para configurar el mar de Galilea y mar Muerto, simbolizamos con un rollo de papel higiénico el Río Jordán y con una jarra de agua el pozo de Jacob....

b) Grupos de Trabajo: Para realizar un trabajo más comunitario y colectivo que nos permita abarcar más temas y tareas, es muy importante la formación de los grupos de trabajo. El número de grupos necesarios varía. -Para algunas dinámicas se necesitan 4 ó 3 grupos y hay una dinámica de 8 y otra de 6-. Conviene renovar los grupos cada vez. Si los participantes son muy numerosos, pueden formarse dos grupos para el mismo tema, y si son pocos, cuando se tienen que hacer 8 ó 6 grupos, hacen primero la mitad del camino y luego la otra mitad. Es necesario dar instrucciones claras, precisas, señalar las páginas del libro del curso por estudiar e incluso, repetirlas para que los grupos comprendan cómo van a trabajar. El equipo coordinador deberá acompañar a los grupos para resolverles sus dudas, pulsar el ritmo que llevan, etc.

c) Plenarios: Después de los grupos de trabajo se realizará un plenario para poner en común lo que han estudiado y aprendido los grupos. El que los dirige deberá agilizarlos y completar o corregir cuando sea necesario. Entre un grupo y otro podremos cantar o hacer juegos.

d) Celebración-Oración-Meditación-Fiesta: Se proponen tres oraciones-meditaciones a lo largo del curso para los momentos en que se consideren oportunos. En ocasiones se sugiere al que dirige, hacer una oración conclusiva que retome y resuma el camino recorrido. Se deja a la iniciativa del grupo el crear los momentos de oración espontánea. Al terminar el camino de Israel y también después del camino de Jesús, celebraremos una Eucaristía o una Liturgia. Alguna noche o al finalizar el curso celebraremos una fiesta popular con poesías, chistes, cantos. Recomendamos que desde el principio inviten a los participantes a preparar y componer o trovar versos, corridos y cantos acerca del curso o de la realidad en que viven.

4. Dos tipos de Dinámicas:

Las dinámicas de enlace.- son las que utilizan quienes dan el curso para introducir o concluir un tema de una manera visualizada que ayuda a aprender y memorizar lo que estudiamos.

Las dinámicas de plenario.- se preparan en los grupos con el mismo estudio de los temas y ayudará a comunicar lo que hemos trabajado para lograr así una visión más amplia y de conjunto. Hay otro tipo de dinámicas de canto, recreación y descanso que son necesarias, pero se dejan a la iniciativa de los coordinadores del grupo.

5. Instrumentos de Trabajo:

a) Biblia: Explicar a los participantes que hay diferentes traducciones y la manera de ayudarse de las notas aclaratorias y de profundización.

b) Texto: Disponer por lo menos de 8 libros del POBLADO DE LA BIBLIA u ocho fotocopias de lo más importante del CAMINO DE ISRAEL o del CAMINO DE JESÚS, según el tema que se vaya a estudiar. Esto ayudará a dar el curso, para que los participantes tengan a la mano los textos, preguntas y dinámicas sugeridas.

c) Libros de canto: Sugerimos que busquen los más apropiados al tema que se esté tratando.

d) Material: Hay tres tipos de material:
  * Material que se tiene que reponer: masking tape, plumones, cartulinas, boletos con números para la formación de grupos, gafetes, alfileres, etc.
  * Material que se consigue en el mismo lugar como tierra, cal, semillas, agua, ramas, ladrillos, pan, guitarra, etc.
  * Material que se adquiere o se elabora con anterioridad, como mapas, dibujos, letreros, cartulinas, cinta del tiempo, retratos, etc. Conviene tener en dibujo sobre mantas de tela: El Poblado (Tres calles con sus casas, Río de la Palabra,

y cuatro calles con sus casas), el camino de Israel (en resumen sus ocho etapas) y el camino de Jesús (sus seis etapas).

* Si no se cuenta con los libros, es necesario preparar carpetas con el material indispensable para el trabajo donde se incluya lo que indica el libro para cada grupo. Por ejemplo: comentarios, textos y preguntas.

6. Contenido:

Este curso bíblico presenta la Parábola del Poblado de la Biblia y dos caminos: Camino de Israel y camino de Jesús.

La Parábola del Poblado de la Biblia nos ayuda a introducir y tener una visión de conjunto sencilla y simbólica para explicar y comprender las respuestas a tres preguntas fundamentales:

¿Qué es la Biblia?
¿Cómo se escribió la Biblia?
¿Cómo leer la Biblia?

Primera Parte: EL CAMINO DE ISRAEL Y EL ANTIGUO TESTAMENTO

Vemos tres momentos:

- **Primer Momento:** La Historia de Israel - Ocho etapas del camino de Israel.
- **Segundo Momento:** La Memoria del Pueblo de Dios.
- **Tercer Momento:** Los Escritores y Escritos:
  - Cuatro Héroes de Israel.
  - Cuatro Profetas del Pueblo de Dios.
  - Cuatro muestras de la Sabiduría Popular.

Segunda Parte: EL CAMINO DE JESÚS Y LOS EVANGELIOS

Vemos tres momentos:

- **Primer Momento:** La Historia de Jesús y de su Tiempo. La rueda de la vida de Jesús.

- **Segundo Momento:** La Memoria de la Iglesia
- **Tercer Momento:** Los Evangelistas y el Evangelio.
  - Evangelio de san Marcos
  - Evangelio de san Mateo y Evangelio de san Lucas.
  - Evangelio de san Juan, Conclusión y Síntesis:
  - En la Plaza de la Resurrección.

7. Tiempos y tipos de curso:

Los períodos de tiempo dedicados a los momentos de la Escritura y sus subdivisiones se adaptarán según sus circunstancias, pero pueden ser entre dos y cuatro horas de trabajo.

Hay varios tipos de curso: Abiertos y de encierro. Curso completo o por partes. (Siempre se debe tener la base de la primera parte: El Poblado de la Biblia).

- Si el curso es de encierro se sugieren tres días completos para recorrer el camino de Israel o bien el camino de Jesús. (Se puede comenzar con uno u otro según motivaciones).
- Si el curso es abierto, hay varias alternativas según posibilidades de los coordinadores y de los participantes. Una tarde por semana, entre dos y cuatro horas, hasta terminar en dos o tres meses el camino de Israel y luego de un descanso seguir de manea semejante con el camino de Jesús. Tomar cinco tardes (entre dos y cuatro horas) durante dos semanas para recorrer el camino de Israel y después de un tiempo el camino de Jesús. Conviene recordar que como es trabajo en grupo colectivo, si los participantes del grupo son pocos y no se pudieran hacer suficientes grupos se tendría que alargar más el tiempo o reducir la materia. Sin embargo, debemos procurar estudiar todo el curso completo aunque a veces sea de manera rápida y sin detenerse tanto. Y después, ya sea en el ámbito personal o con algún grupo, volver a repasar o profundizar en algún punto o tema que nos interesó más. Pero en cuanto podamos, intentemos lograr la visión de conjunto.

8. Comisiones:

Ver las necesidades que tiene el grupo, para buscar los servicios que hay que desempeñar: aseo, cantos, animación, liturgia, servicio de mesa, colaborar en la coordinación, etc. Es muy importante que el grupo envíe unos cuatro representantes para que ayuden al equipo coordinador a evaluar y planificar el trabajo. Estos serán una ayuda eficaz en el acompañamiento del trabajo de los grupos y llevarán las sugerencias, quejas, aprovechamiento que va teniendo el conjunto de los participantes y los grupos. Deberán reunirse todos los días para evaluar brevemente y planear la acción del día siguiente, para hacer los ajustes y cambios necesarios. En algún momento se pueden hacer evaluaciones abiertas donde todos los participantes pueden opinar.

9. Nota sobre esta nueva edición del Poblado de la Biblia

Terminé de escribir la primera edición de este libro en 1984 y he dado más de 350 cursos en muchas diócesis de México y en casi todos los países de Latinoamérica y en varios estados de Estados Unidos, también varias otras personas han dado este curso. En todo ese tiempo no le hice correcciones al texto, preferí escribir nuevos libros que complementaran al Poblado de la Biblia[1]. Estos libros pueden orientar y complementar el estudio del Poblado de la Biblia. En alguna parte de este curso me voy a permitir citar tres de estos libros como un aporte metodológico que resulte útil a quienes coordinen y practiquen este curso.

CONCLUSIÓN:

Este curso, quizá resulta demasiado ambicioso por tener como meta lograr una visión de conjunto de la Biblia, y también puede parecer complicado por la diversidad de dinámicas. Sin embargo, las experiencias de los cursos realizados con campesinos nos enseñan que ellos han comprendido, gustado y

---

[1] El Camino de la Iglesia a partir de los Hechos (Publicaciones Paulinas), El Camino de la Historia, un curso sobre el Apocalipsis (CRT), Tus palabras son lámpara para el Camino, sobre los Diez Mandamientos (CRT), El Camino de las Parábolas (CRT), El Nuevo Testamento: Camino y obra de las comunidades (CRT), El Camino de Jesús (CRT y Buena Prensa, Peregrinos de la Palabra (Publicaciones Paulinas) y otros...

sacado fruto. Por eso, sugerimos a los agentes de pastoral que apliquen todos sus conocimientos, pongan en juego su creatividad y aprovechen la cercanía del pueblo para buscar juntamente con él la mejor adaptación. Yo les agradezco todas las sugerencias y correcciones que me hagan para mejorar la metodología y el curso.

Quiero agradecer a muchas personas, amigos y amigas, equipos y grupos de evangelización, que de diversas maneras me han ayudado para hacer realidad este curso. Agradezco de manera especial a las Comunidades Eclesiales de Base que en México (Tabasco), Brasil y toda América Latina, con su vida, su fe y su compromiso de acción nos van abriendo un camino.

Esas comunidades, con sus preguntas, interpretaciones y aplicaciones acerca de la Palabra de Dios, han sido para mí, y para otros, verdaderos maestros de Biblia.

Esperamos y pedimos al Señor que este curso ayude a poner la Biblia en las manos del pueblo, para que sirva como instrumento de unión y liberación que anime a las Comunidades Eclesiales de Base a mirar su estrella y a seguir a Jesucristo, y hacer realidad nuestro lema: LA PALABRA DE DIOS EN EL CORAZÓN Y EN LA VIDA DEL PUEBLO.

Javier Saravia S.J. ERIT (Equipo Rural Interreligioso en Tabasco). Parroquia de San José y Los Remedios, Plátano y Cacao, Tabasco. Fiesta de la Resurrección de 1984.

NB: El Poblado de la Biblia, lo terminé en 1984, desde entonces he dado muchos cursos.

Primera Parte

**EL CAMINO DE ISRAEL
Y EL ANTIGUO TESTAMENTO**

INTRODUCCIÓN

"SEÑOR, hazme conocer tu CAMINO, para que yo te conozca y encuentre gracia a tus ojos. Considera que este pueblo es tu PUEBLO" (Ex 33,13).

El CAMINO es el lugar de encuentro para Dios y el Pueblo; es tiempo de caminar juntos por la tierra y por la vida. En el Poblado de la Biblia encontramos dos grandes testimonios de la alianza entre el Dios del pueblo y el pueblo de Dios en su caminar por la historia. Por eso, vamos ahora a recorrer el CAMINO DE ISRAEL y el ANTIGUO TESTAMENTO y más adelante el CAMINO DE JESÚS y los EVANGELIOS.

En esta primera parte del curso vamos a entrar más detenidamente al Antiguo Poblado. Antes de seguir adelante, debemos aclarar y ponernos de acuerdo acerca de los temas y puntos que queremos y podemos estudiar. Esto lo hacemos para que no nos vaya a pasar lo que sucedió en un mercado de la ciudad. El dueño de una tienda bien surtida empezó a ofrecerle al cliente gran variedad de ropa: pantalones, camisas, vestiditos para su niña, zapatitos para su hijito... Pero no vendió nada... ¿Por qué...? Porque no le preguntó al cliente qué cosa necesitaba, qué artículos quería. Y el cliente no supo o no pudo hablar.

Nos quedamos unos momentos en silencio, pensando qué dudas tenemos acerca del Antiguo Testamento, qué puntos o temas queremos tratar y aclarar. El grupo hace sus preguntas y el que da el curso las anota.

Al finalizar el curso trataremos de responder las preguntas; es difícil responderlas ahora y no conviene dar respuestas superficiales y aisladas.

Pasemos a una dinámica.

Dinámica: El álbum de fotos de la familia
(Puede ayudar a comprender el camino de Israel)

Material:
Necesitamos uno o más retratitos pequeños y un cuadro grande bien enmarcado.

Si ustedes me preguntan cómo es mi familia: Mis papás, hermanos, abuelitos, yo podría ir describiéndolos con mucha palabrería y con mucha dificultad. Pero si tengo un retratito como éste, se los paso para que lo vean y lo guarden. Sin embargo, así de pequeño no se ve bien, y es fácil que lo pierdan, que se arrugue. Es mejor ampliarlo, encuadrarlo con su vidrio y su marco, así como éste que les paso ahora.

Desarrollo de la dinámica:
La Biblia es como un álbum de fotografías de la familia de Dios.

Para responder a sus preguntas, trataremos de ampliar y encuadrar mejor algunos retratos de los más importantes. Los colocaremos ordenadamente en la pared de la historia de Israel, y esto nos ayudará a conocer mejor el Antiguo Poblado de la Biblia.

Estudiaremos los tres momentos en que fue construyéndose el Antiguo Poblado de la Biblia.

Primer Momento: Los hechos de la historia de Israel.

Segundo Momento: La Memoria del Pueblo de Dios, de esos acontecimientos.

Tercer Momento: Los escritos y el contenido del Antiguo Testamento.

Es una tarea difícil, pesada y por eso necesitamos la ayuda, la gracia de Dios y la vamos a pedir al jefe de esta familia-pueblo, al Padre Dios. Meditaremos las palabras o frases que más quiera revelarnos el Señor, y después brevemente comunicaremos lo que el Señor nos ha iluminado, y terminaremos esta oración en voz alta rezando juntos el Padre Nuestro.

Primer Momento
LA HISTORIA DE ISRAEL
- OCHO ETAPAS DEL CAMINO -

"Si amas a Yahvé, tu Dios, si sigues sus caminos, vivirás...
Yo pongo delante de ti la vida y la muerte,
la bendición y la maldición.
Elige la vida para que vivas..." (Dt 30,15-19).

Moisés el libertador, ante un Dios libre y liberador, deja al pueblo escoger su camino. El pueblo escogió el CAMINO de la VIDA, el CAMINO del DIOS de la VIDA. Este camino de Israel, no es camino de un hombre, sino el camino de un pueblo.

Sin embargo, porque el pueblo está formado por hombres, el nombre de Israel se ligó al nombre y a la vida de un patriarca: Jacob. En Gn 32,29-33 se nos cuenta el acontecimiento del cambio de nombre: "En adelante ya no te llamarás Jacob, sino Israel, o sea, fuerza de Dios, porque has luchado con Dios, como se hace con los hombres, y has vencido" (Gn 32,29). Así el pueblo explicaba y le daba sentido a su nombre: ISRAEL. Es un pueblo que con la fuerza de Dios camina, lucha en la vida frente a su Padre, quien le deja que vaya creciendo, "haciéndose hombrecito", forjándose pueblo en el caminar de la vida, aunque sea cojeando.

Dinámica: La Cinta del Tiempo

Material:
* Un lazo y ganchos para tender ropa.
* Ocho cartulinas con dibujos sobre las 8 etapas del Antiguo Testamento (o una manta con los ocho dibujos).

Desarrollo de la dinámica:
- Vamos a ir colocando en la cinta fotos del tiempo, esos ocho retratos que sacamos del Álbum del Antiguo Testamento y que corresponden a las 8 etapas principales del camino de Israel.

47

Este Álbum abarca una larga historia y muchos retratos.

- Ahora vamos a pasar rápidamente para tener una visión de conjunto. Destacaremos algunos acontecimientos principales, sus fechas aproximadas, figuras que aparecen y el lugar donde acontecieron los hechos que caracterizaron esa etapa. Después estudiaremos en 8 grupos las 8 etapas del camino de Israel y luego en el plenario comunicaremos lo que hemos encontrado.
- Para facilitar el estudio le pondremos a cada etapa el nombre de los personajes que actuaron en ella. Y ese mismo nombre llevará cada uno de los grupos. Las fotos vienen ahí.

Explicación general de las etapas

Primera Etapa: LOS PATRIARCAS Y MATRIARCAS

Colgamos esta fotografía que nos muestra el comienzo de esta familia de Dios. Son los orígenes del PUEBLO que empieza a caminar con la bendición de Dios en busca de la tierra que se le ha prometido.

Foto muy retocada: Como la del "charlatán" un albañil que nunca se ha puesto corbata en su vida pero el retratista lo puso de traje.

- **Fechas:** Son tan viejas estas fotos que es difícil acertar la fecha. Aproximadamente va de los años 1800 a.C. a 1650 a.C.
- **Figuras principales:** Los patriarcas: -Abraham, Isaac, Jacob, y las doce cabezas o jefes de Tribu. José juega un papel importante y prepara el enlace con la siguiente etapa.
- **¿Dónde está Dios?:** Dios llama y promete vida, un pueblo y una tierra, y bendice a los Patriarcas y Matriarcas.
- **Lugares:** Ur y Jarán en la Mesopotamia de donde parte la emigración o peregrinación. Las tierras de Canaán donde llegaron, que luego se llamará Palestina. Y finalmente, Egipto. (Es bueno recordar lo que vimos en el mapa del Poblado de la Biblia).

● Libro que habla de ellos: GÉNESIS.

Segunda Etapa: LOS ESCLAVOS

Esta fotografía está muy borrosa. El trabajo de esclavos en la construcción de grandes obras faraónicas no daba tiempo, ni modo para reunirse y contar su historia.

● **Fechas:** La Biblia nos cuenta que fueron unos 430 años (Ex 12,40). De 1650 a 1250 a.C.
● **Figuras:** Más que figuras encontramos un grito, un clamor del pueblo esclavo.
● **¿Dónde está Dios?:** Dios oye el clamor del pueblo, mira su opresión.
● **Lugar:** En Egipto, a la orilla del Río Nilo.
● **Libro que habla de ellos:** ÉXODO.

Tercera Etapa: LOS LIBERTADORES

Colocamos esta fotografía del Álbum del pueblo de Dios. Es una de las más conocidas y admiradas por el gran aconteci-miento que recuerda: El Éxodo, la salida de la esclavitud a la li-bertad.

● **Fecha aproximada:** 1250 a.C. a 1225 a.C.
● **Figuras principales:** Moisés, su hermano Aarón y su her-mana María, y los Jefes del pueblo.
● **¿Dónde está Dios?:** Dios baja a liberar a su pueblo y cami-na con él. Nos da su NOMBRE: YAHVÉ, para ponerse: 'a las órdenes' y oraciones de su pueblo.
● **Lugar:** En Egipto y luego por el desierto de Arabia. El Monte Sinaí.
● **Libros que hablan de ellos:** ÉXODO, LEVÍTICO, NÚME-ROS, DEUTERONOMIO.

Cuarta Etapa: LOS CONQUISTADORES

Colocamos esta fotografía que recuerda las luchas para entrar y conquistar la tierra prometida y luego la organización para repartir la tierra y hacerla producir y para consolidar al pueblo.

- **Fechas aproximadas:** 1225 a.C. a 1025 a.C. o sea unos 200 años de Confederación de Tribus.
- **Figuras principales:** Moisés, Josué, las Tribus, los Jueces, Débora, Sansón, Gedeón y otros.
- **¿Dónde está Dios?:** Dios está con la fuerza de su Espíritu promoviendo su proyecto y la organización de su pueblo.
- **Lugar:** Al principio al otro lado del Jordán. El pasó del Río Jordán y de este lado del Río Jordán, sobre todo los lugares donde tenían santuarios y celebraban asambleas populares: Siló y Siquem.
- **Libros que hablan de ellos:** DEUTERONOMIO, JOSUÉ Y JUECES.

Quinta Etapa: LOS REYES

Vemos esta fotografía que nos recuerda el principio de la monarquía o reinado de Israel, que luego se dividió en dos reinos: Reino Norte: Israel y Reino Sur: Judá. Más tarde ambos cayeron bajo el dominio de otros imperios.

- **Fechas:** Comienzo de la monarquía, 1025 a.C.
  Caída de Samaria o Reino del Norte ante Asiria: Año 721 a.C.
  Caída de Jerusalén, o Reino del Sur: ante Babilonia 587 a.C.
- **Figuras principales:** Los tres primeros reyes: Saúl, David, Salomón. Una lista larga de reyes entre ellos se destacan dos buenos: Ezequías y Josías. Varios profetas: Samuel, Elías, Eliseo, Isaías, Jeremías y otros.
- **¿Dónde está Dios?:** Dios deja que su pueblo tenga reyes. Rechaza el culto vacío y exige justicia. En la vida y voz de los profetas.

- **Lugares:** Palestina, Samaria y Judea.
- **Libros que hablan de ellos:** I y II SAMUEL; I y II REYES; I y II CRÓNICAS.

Sexta Etapa: LOS DESTERRADOS

Ponemos esta fotografía que nos trae un recuerdo muy triste. Cuando después de la caída de Jerusalén el pueblo fue exiliado a Babilonia.

- **Fechas:** Del año 587 a.C. hasta 539 a.C. o sea 48 años de destierro.
- **Figuras principales:** El Profeta Isaías Segundo, el pueblo pobre y sufriente, figura del Siervo de Yahvé. El Profeta Ezequiel y Ciro, rey persa, que fue su liberador.
- **¿Dónde está Dios?:** Dios consuela, anima la fe y la esperanza de su Siervo. Por medio de sus mensajeros los profetas y de Ciro el extranjero liberador.
- **Lugar:** En Babilonia allá entre los ríos Éufrates y Tigris.
- **Libros que hablan de ellos:** ISAÍAS SEGUNDO 40-56 Y EZEQUIEL.

Séptima Etapa: LOS RESTAURADORES

Esta fotografía nos recuerda el regreso de los desterrados a Jerusalén y la reconstrucción del país. Levantaron una nueva muralla, un nuevo Templo y continuaron luchando para reorganizar al pueblo y reunirlo bajo la Ley aunque estuviera disperso.

- **Fechas:** Del año 539 a.C. en que cae Babilonia al año 333 a.C. Época de dominación PERSA.
- **Figuras principales:** Zorobabel, Nehemías, Esdras, el pueblo mismo.
- **¿Dónde está Dios?:** En el proceso de restauración del pueblo, su Templo, sus Normas... Dios suscita gran esperanza. Se va revelando como Padre.

- **Lugar:** Jerusalén, Palestina y también la Diáspora, o sea, lugares donde quedaron dispersos muchos judíos: Babilonia, Egipto, Asia Menor.
- **Libros que hablan de ellos:** NEHEMÍAS y ESDRAS.

Octava Etapa: LOS DEFENSORES DE LA FE

Esta foto nos recuerda la etapa en que después de una persecución muy fuerte contra la religión judía, los Macabeos encabezaron una guerra y lograron la independencia del país.

- **Fechas:** Consideramos la dominación griega o sea, del 333 a.C. hasta 63 d.C. Aunque hubo un fuerte levantamiento por el año 170 a.C.
- **Figuras principales:** Macabeos - Matatías el papá y sus hijos Judas, Simón y Juan y los reyes Hasmoneos.
- **¿Dónde está Dios?:** Quizá algo prisionero por el rigor de la ley, pero preparaba la venida ya próxima de su Hijo.
- **Lugar:** Palestina.
- **Libros que hablan de ellos:** I y II MACABEOS.

Preparación de la Dinámica del plenario:
El Camino de Israel

Material:
* Gis o cal para pintar un camino largo en un patio o salón grande.
* Las ocho cartulinas o fotos del Álbum de la Biblia (se entrega una a cada grupo).
* Ocho cartulinas o papeles-pancartas para los lemas y ocho plumones.

Desarrollo de la dinámica:
- Se forman ocho grupos con el nombre de cada una de las etapas.
- Cada grupo estudia su etapa. Se retoman los datos e infor-

mación que se dio en la dinámica de la Cinta del Tiempo, y de los hechos, comentarios y textos que se proponen para cada etapa.

- Es bueno tener en cuenta que en el transcurso del curso al estudiar a los 4 héroes de Israel: Abraham, Moisés, Josué, David; al estudiar a los 4 profetas del pueblo de Dios: Amós, Jeremías, Isaías segundo y Joel; y al estudiar las cuatro muestras de la Sabiduría Popular: Proverbios, Eclesiastés, Eclesiástico y Sabiduría, vamos a apoyarnos en esto que vimos de historia, a completar y a veces hasta a hacer algunas repeticiones. Sin embargo, esto nos irá ayudando a comprender y a asimilar esta historia.

- Los grupos preparan un cuadro plástico o retrato vivo de alguna escena significativa de su etapa para presentarla en el plenario. Y también buscan un lema, verso y con rima frase o cita bíblica breve que resuma la etapa y la escriben en una cartulina como pancarta.

- Presentar en cartulina 3 huellas: Hechos, soluciones... que nos dejaron en su caminar.

- Podemos mostrar como complemento a la Cinta del Tiempo, con los ocho retratos del camino de Israel, un cartelón con dibujos que resuman y muestren ese camino. Este mismo cartelón lo podremos usar a lo largo de toda la segunda parte para ir situando al grupo.

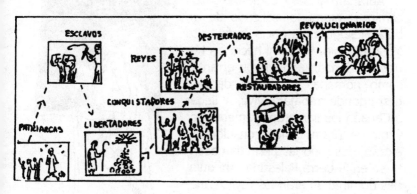

Grupos de trabajo

Metodología:

Los siguientes grupos de trabajo tendrán los mismos nombres de las Ocho Etapas del camino. Su estructura de trabajo se detalla a continuación:

- **Cita Bíblica:** Nos ayudará a tener un punto de partida.
- **Hechos y comentarios:** Nos ayudará a ubicarnos en la historia, es decir en el camino.
- **Preguntas:** Para profundizar y reflexionar.
- **Temas y textos:** Nos proporcionarán mayores datos y nuestro camino tendrá una vista más panorámica.
- **Preguntas:** Para profundizar y reflexionar.

1. LOS PATRIARCAS Y MATRIARCAS

"Acuérdate de Abraham, Isaac y Jacob, siervos tuyos y de las promesas que les hiciste. Pues juraste por tu propio nombre: Multiplicaré tu descendencia como las estrellas del cielo y les daré a tu raza la tierra que prometí para que sea de ellos para siempre" (Ex 32,13).

Hechos y comentarios:

Abraham y Sara comenzaron su camino emigrando, saliendo de Ur, baja Mesopotamia hacia Jarán, alta Mesopotamia, y de ahí hacia las tierras de Canaán anduvieron errantes como nómadas en busca de una tierra donde trabajar y vivir. Al llegar a Canaán los llamaron arameos (por venir de Aram) y los consideraron extranjeros y no les permitían asentarse en la tierra Palestina. Ahí quienes dominaban eran los reyes cananeos, acaparando tierras, cobrando impuestos. Por eso oposición ciudad-campo, agricultores-pastores. Había el grupo de los 'haipurus' que luchaban por la tierra. Parece que algunos de los pastores del grupo de los patriarcas se unieron a ellos en estas luchas y por eso comenzaron a llamarse 'hebreos'. También parece que ese nombre viene de una palabra que significa: Pasar como "gitanos" marginados.

Algunos de ellos no pudieron quedarse en Palestina y se aventuraron en seguir más adelante y llegaron hasta Egipto. Por eso muchos años después el pueblo recordará su pasado con este credo: *"Mi padre era un arameo errante que bajó a Egipto y fue a refugiarse ahí siendo pocos aún..."* (Dt 26,5).

Preguntas:
1. ¿Cuáles hechos nos llaman más la atención?
2. ¿Cuáles son los problemas principales que tuvieron los Patriarcas?
3. ¿Cómo vivieron los Patriarcas el compromiso con el pueblo?

Temas y Textos:
- El llamado a Abraham y su fe obediente para salir a buscar tierra: Gn 12,1-9.
- La promesa que Dios le hace de tener vida: Formar un pueblo y tener tierra: Gn 15,1-7.
- Nacimiento de Isaac y su sacrificio: Gn 21, 1-7 y Gn 22,1-19.
- Nacimiento de Esaú y Jacob, hijos de Isaac: Gn 25,19-34.
- Hijos de Jacob: Gn 29,31-30,24.
- Jacob lucha con Dios y Dios le cambia su nombre: Gn 32,23-33.
- José en Egipto se descubre a sus hermanos: Gn 45,1-15.
- Bendiciones de Jacob: Gn 49,1-28.

Después de haber leído el texto escogido para profundizar, preguntarse:
4. ¿Qué soluciones encontraron los Patriarcas a sus problemas?

5. ¿Cómo vivieron la fe los Patriarcas?
6. ¿Cómo está hoy nuestra esperanza de lograr un pueblo libre y con tierra?

Para el plenario: Preparar un retrato vivo sobre esta etapa del camino de Israel y la pancarta con el lema.

2. LOS ESCLAVOS

"Entonces les pusieron capataces a los israelitas haciendo pesar sobre sus hombros duros trabajos y así edificaron para el faraón las ciudades de almacenamiento de Pitom y Ramsés... Los egipcios trataron cruelmente a los hijos de Israel haciéndolos esclavos, les amargaron la vida con duros trabajos de arcilla y ladrillos y toda clase de servidumbres impuestas por crueldad" (Ex 1,11-14).

Hechos y comentarios:

Egipto era un pueblo poderoso establecido en las fértiles márgenes de un gran río: el Nilo. Los faraones hicieron grandes obras, y por eso ahora esas obras majestuosas se les llama 'obras faraónicas', como las pirámides y las ciudades-almacén para guardar las cosechas de trigo y otros productos. Todo esto lo hacían con mano de obra esclava y barata.

Egipto no sólo tenía pirámides de piedra, sino una pirámide social muy injusta. Unos pocos estaban arriba oprimiendo a muchísimos abajo. El poder estaba totalmente centralizado en el faraón. Las tierras en manos latifundistas. Había una gran acumulación y especulación en el comercio (ciudades-

almacén). Para sostener esta situación se valían del ejército, y también de la religión, pues tenían muchos dioses y el dios principal era manipulado por el faraón. Los sacerdotes egipcios tenían muchas tierras y por ese acomodo material se ponían al servicio de los poderosos.

Ahí están los israelitas, junto con otros esclavos, trabajando sobre todo en las obras de construcción. No se les permite reunirse para celebrar su culto y organizarse. Cuando empieza a haber brotes de rebeldía recrudecen la represión y la explotación.

Preguntas:
1. ¿Cuáles hechos nos llaman más la atención?
2. ¿Cuáles eran los problemas más graves?
3. ¿Cómo vivieron los esclavos el compromiso con el pueblo?

Temas y Textos:
- La explosión demográfica hace temer al tirano y reprime: Ex 1,8-14.
- Quieren controlar la natalidad, pero las parteras y el pueblo pobre egipcio, se van aliando con los extranjeros-esclavos: Ex 1,15-22.
- Nacimiento de Moisés. En tiempos de la esclavitud peligra la vida: Ex 2,1-10.

Después de haber escogido el grupo un texto para profundizar, preguntarse:
4. ¿Qué soluciones encontraron los esclavos a sus problemas?
5. ¿Cómo vivieron la fe los esclavos?
6. ¿De qué manera está esclavizado el pueblo ahora?

Para el plenario: Preparar un retrato vivo sobre esta etapa del camino de Israel y la pancarta con el lema.

3. LOS LIBERTADORES

"Clamamos entonces a Yahvé Dios de nuestros padres y Yahvé escuchó nuestra voz: vio nuestra situación de miseria, de penalidades y de opresión. y Yahvé nos sacó de Egipto con mano fuerte y tenso brazo en medio de un gran terror, señales y prodigios" (Dt 26,7-8).

Hechos y comentarios:

La liberación comenzó con un clamor, un grito del pueblo. Dios lo oye y mira la situación de su pueblo y baja a liberarlo. Sin embargo, no lo hace solo. Llama a Moisés y lo envía junto con Aarón a reunir a los jefes del pueblo. Ahí, en la lucha por la liberación, da su nombre para ponerse a las órdenes del pueblo.

La liberación se da en un proceso muy complicado. Primero dialogan con el Faraón, quien como lo había advertido Dios, no va a ceder, ni a dejarlos salir por la buena.

Por eso vienen las plagas. Estas son fenómenos naturales: ranas, mosquitos, granizo, sangre, tinieblas, muerte... Pero lo importante es descubrir ahí la mano de Dios quien parece jugar a las vencidas con el Faraón y su imperio. Cuando éste aprieta y quiere vencer, automáticamente se tensa su brazo (de Dios) y esto lo hace a través de la acción de Moisés, Aarón y el pueblo, que se va organizando. Dios quiere salvar a los israelitas y también a los egipcios. Las plagas son como signos y enseñanzas de liberación. Dios distingue entre opresores y oprimidos y opta por éstos.

Faraón, presionado, tiene conversiones momentáneas para engañar, pero luego se desdice. Hace concesiones y negociaciones parciales. Finalmente, los israelitas aprovechan un momento crítico del sistema: la muerte del primogénito... También aprovechan la costumbre de hacer fiestas pastoriles para organizarse y re-encontrarse y marcan como señal, clave, la noche de luna llena en la primavera, para salir huyendo todos al mismo tiempo, en las diferentes partes del país.

El pueblo conoce los movimientos de las aguas y de la luna y también lo aprovechan para atravesar el Mar de las Cañas en esa oportunidad. Dios ha estado grande con ellos y cantan (Ex 15).

Empieza la marcha por el desierto. Es difícil pasar de la esclavitud a la libertad. Hay quejas, unos se quieren devolver, pasan hambre y sed. Poco a poco, con la ayuda de Dios, van resolviendo sus necesidades. El maná, para que alcance, no hay que acumularlo, sólo el pan de cada día. Cuántas cosas van aprendiendo por el camino. Pero hay dificultades: robos, adulterios, pleitos, mentiras, supersticiones, reniegan hasta de Dios.

Pero Dios no reniega de ellos. Él ha hecho una ALIANZA con el pueblo "Ustedes serán mi pueblo y yo seré su Dios". Dios ha elegido a su pueblo, se ha comprometido con él porque lo ama y su amor es exigente... Y en el desierto es urgente renovar, fortalecer la ALIANZA. La austeridad natural, la escasez de recursos, las necesidades vitales disponen a sentir más de cerca la presencia providente de Dios y la ayuda y solidaridad humana. La dureza, la soledad del desierto es una fragua para forjar la fe, la esperanza. Pero por otra parte el desierto es agresivo, tentador. Se pueden dar tentaciones y caer en ellas; originarse rivalidades, desánimos, desesperanza.

Dios da los Mandamientos para poder continuar en el camino de la liberación y cumplir la Alianza. Él habla a través de los hechos y de la situación... Moisés y los jefes del pueblo, a partir de la situación, vivencias y problemas del pueblo, van buscando en su conciencia y en la oración al Dios de la Alianza, y van descubriendo, el Proyecto de Dios. La revelación de la voluntad de Dios se va concretando, resumiendo en normas de vida, en las Diez Palabras (Deca-Logo) o Diez Mandamientos: creer y obedecer a un único Señor, quien los liberó de la esclavitud, y organizarse como pueblo para vivir como hermanos en la tierra prometida.

Cuando empiezan a pensar en conquistar la tierra, empiezan a ver la necesidad de organizarse y de delegar funciones y responsabilidades y así se nombran jueces.

Preguntas:
1. ¿Cuáles hechos nos llaman más la atención? ¿Por qué?
2. ¿Cuáles fueron los problemas más serios de esta liberación?
3. ¿Cómo vivieron los libertadores el compromiso con el pueblo?

Temas y Textos:
- Llamado y envío a la liberación: Ex 3,1-20.
- Plagas: Ex 8,1-1 1 y Ex 10,7-29.
- Institución de la Pascua: Ex 12,1-14.
- Paso del Mar Rojo: Ex 14,15-31.
- Canto triunfal: Ex 15,1-21.
- Dios da comida: codornices, maná, pero prohíbe acumular: Ex 16,1-21.
- Comienza la organización. Moisés instituye jueces que le ayuden: Ex 18,13-26
- Las leyes de la hermandad: Los Diez Mandamientos: Ex 20,1-21.
- Se hace alianza entre el Señor y el pueblo: Ex 19.

60

Cada grupo escoge uno o dos textos para profundizar y al terminar se responden las preguntas:
4. ¿Qué soluciones aporta el pueblo y sus jefes para la liberación?
5. ¿Cómo vivieron la fe los libertadores y el pueblo?
6. ¿Y nosotros, cómo vamos a organizarnos y luchar para ser libres?

Para el plenario: Preparar un retrato vivo sobre esta etapa del camino de Israel y la pancarta con el lema.

4. LOS CONQUISTADORES

*"... levántate y pasa ese río Jordán, tú con todo este pueblo
a la tierra que yo doy a los hijos de Israel.
Les doy todo el territorio que conquisten
como yo prometí a Moisés"* (Jos 1,2-3).

Hechos y comentarios:
Los israelitas han salido de Egipto, marchan por el desierto rumbo a la tierra prometida. Josué, Caleb y otros hicieron una exploración del territorio. La tierra es buena. Las dificultades del camino, la oposición de los enemigos, las divisiones internas retardan la conquista de la tierra prometida.

Todavía en vida de Moisés conquistan tierras al oriente del Jordán y las reparten entre tres tribus. Ahora Josué encabeza el paso del Jordán y anima a las tribus a la conquista. Las tres tribus que ya habían recibido tierras se solidarizan en la lucha y participan en la conquista de la tierra.

El libro de Josué cuenta que las doce tribus pasaron juntas el río Jordán. Sin embargo, es probable que unos grupos entraran más tarde por la ruta del sur, y también parece ser que habían quedado en el territorio palestino restos de los descendientes de los patriarcas, pues no necesariamente todos tuvieron que ir a Egipto. Lo que sucede es que al contar y escribir la historia, con mucha sabiduría popular y con sentido nacional, se presenta como si las doce tribus hubieran entrado juntas y al mismo tiempo. Conquistan ciudades como Jericó y algunos reinos.

Josué sabe continuar la lucha que había emprendido Moisés. Promueve más y más la organización de las tribus. Pide con frecuencia la colaboración, por representantes, de cada una de las tribus. Realiza asambleas en Siló y Siquem donde nombran secretarios, se dan responsabilidades y tareas, y se hacen compromisos y reglamentos. Hacen alianzas con grupos y personas que estaban ya en el territorio.

No basta conquistar la tierra, hay que repartirla con justicia para hacerla producir. Es necesaria la organización popular. La experiencia de Israel durante la conquista-reparto de tierras y esa época de los jueces cuando no tenían rey, da mucha luz: Las familias estaban organizadas y tenían un jefe patriarcal; las familias unidas formaban un clan, y varios clanes, una tribu y las tribus formaban una federación. Ahí se procuraba respetar la libertad de decisión y la solidaridad.

Preguntas:
1. ¿Qué hechos nos parecen más importantes?
2. ¿Cuáles son los mayores problemas que vivieron los conquistadores?
3. ¿Cómo vivieron los conquistadores el compromiso con el pueblo?

Temas y textos:
- Josué sabe asumir el relevo en la lucha para conquistar la tierra prometida: Jos 1,1-9.
- Las tribus que ya tenían tierras saben hacerse solidarias con las otras: Jos 1,10-18.
- El Dios vivo les ayuda a hacer una nueva pascua, el paso del Jordán: Jos 3,7-17.

- El pueblo levanta un monumento de 12 piedras como signo conmemorativo: Jos 4,1-9.
- Toma de Jericó: Jos 6,1-20.
  Asamblea de Siló. Animar a repartir tierras en justicia.
- Organización popular. Jos 18,1-10.
- Despedida y agradecimiento de las tribus del otro lado del Jordán: Jos 22,1-12.
- Asamblea de Siquem: Las tribus se reúnen para organizar su vida, su trabajo y su fidelidad a Dios: Jos 24,1-13 y 24,14-28.

Cada grupo escoge uno o dos textos para profundizar y al terminar se responden las preguntas:

4. ¿Cuáles son las soluciones que nos presentan el pueblo en su caminar?
5. ¿Cómo vivieron la fe los conquistadores y el pueblo?
6. Y nosotros ¿qué tenemos que hacer aún para que la tierra sea distribuida y trabajada como Dios manda?

Para el plenario: Preparar el retrato vivo sobre esta etapa del camino de Israel y la pancarta con el lema.

5. LOS REYES

El pueblo no quiso escuchar a Samuel y dijo:
"No; tendremos un rey, nosotros
seremos también como los demás pueblos.
Nuestro rey nos dirigirá e irá frente a
nosotros en nuestros combates" (1 Sam 8,19-20).

Hechos y comentarios:
La experiencia de organización popular de Israel tenía muchas dificultades. Algunas de ellas son la geografía y otras diferencias que dificultan la unión entre las 2 tribus del sur y las 10 del norte, las divisiones y pleitos internos, la corrupción de los jueces, la presión de los pequeños reinos vecinos y también las grandes potencias que querían dominar ese corredor de

paso tan estratégico para el comercio y la guerra... Ante toda esta realidad se les fue imponiendo la idea de tener un rey y aceptaron el sistema de la Monarquía, que como su nombre lo dice, es el poder de uno. Esto era muy contrario a su experiencia de asamblea, y de  poder repartido a partir de las familias, de los clanes, tribus, hasta llegar a la confederación de tribus.

Eligieron primero a Saúl, que era de la tribu de Benjamín. Después de su muerte, gobernaron a las doce tribus algunos pretendientes al trono hasta que decidieron reconocer al rey David, de la tribu de Judá. David se estableció en Hebrón y luego conquistó Jerusalén donde reinó 33 años. Quitó muchas tierras a otros pueblos y amplió el territorio.

Después de David siguió Salomón, su hijo. Su sucesión fue hecha entre muchas luchas por el poder, aún entre hermanos. Absalón, por ejemplo, se rebeló contra su padre y aprovechó el malestar que los pueblos del Norte tenían contra los del Sur.

Salomón construyó el Templo. Propició el que se empezara a escribir la historia de su pueblo. Al morir, su hijo Roboam tomó el poder y quiso imponer más cargas y rigor al pueblo. Los pueblos del Norte, reunidos en asamblea, no la aceptaron y se separaron; fue la división o cisma, tanto en el ámbito religioso como político: En el Norte: Israel con Samaria, como capital, y en el Sur: Judá, con su capital Jerusalén.

En el Reino del Norte la mayoría de los reyes que hubo 'tomaron el mal camino' e hicieron alianzas y concesiones a los reinos vecinos, y también en materia religiosa... Por esto se levantaron los profetas para denunciar las injusticias e idolatrías.

Elías y Eliseo en el siglo IX a.C. y después Amós, Oseas, Isaías y Miqueas en el siglo VIII a.C.

Los asirios, un imperio muy poderoso de Oriente, los ataca y cae Samaria en el año 721 a.C. El Reino del Norte, Israel, duró 210 años.

En el Reino del Sur también la mayoría de los 18 reyes, hicieron el mal ante los ojos de Dios con excepción de Ezequías y Josías quienes apoyaron a los profetas y a algunos sacerdotes en hacer la REFORMA religiosa y política. Este hecho fue muy importante. La caída del Reino de Israel, los propios problemas y fracasos de Judá pedían urgentemente un cambio, una reforma.

Buscaron crear una nueva conciencia en el pueblo para que fuera fiel al proyecto de Dios y a su propio pasado. Se revaloriza la ley, los valores de la alianza y la solidaridad. Por eso, se escribe el Deuteronomio -Segunda ley- y otros libros. Con el fin de evitar los abusos en el culto se cierran y prohíben los cultos en varios santuarios populares. Esta reforma a pesar de tener aciertos ya que ayudó a sostenerse a Judá, tuvo la desventaja de haber sido hecha en gran parte de arriba hacia abajo, y esto trajo, entre otras consecuencias, la centralización del culto en el Templo de Jerusalén, y el debilitamiento de la religiosidad del pueblo.

Los Profetas que más se distinguieron en el Reino del Sur fueron: Isaías, quien evitó que Judá se aliara con Egipto para combatir contra Asiria, pues probablemente hubiera corrido la misma suerte que el Reino de Israel. Él también combatió el culto vacío y encubridor de injusticias. Jeremías luchó mucho para que Judá no se aliara a Egipto contra Babilonia, pero no le hicieron caso y Jerusalén después de 3 años de sitio es tomada y destruida: Templo, murallas, todo. Era el año 587 a.C.

Preguntas:
1. ¿Cuáles son los hechos más importantes?

2. ¿Cuáles eran los mayores problemas de los Reyes?

3. ¿Cómo vivieron los Reyes su compromiso con el pueblo?

Temas y Textos:

- El pueblo pide un rey, aunque el profeta Samuel se opone: 1Sam 8,1-22. Saúl es elegido rey por sorteo entre las tribus: 1Sam 10,17-27.
- David se enfrenta a Goliat: 1Sam 17,40-51.
- David anda errante huyendo de Saúl: 1Sam 22,1-5.
- David es consagrado como rey de Israel: 2Sam 5,1-12.
- Absalón se rebela contra su padre para alcanzar el poder: 2Sam 15,1-12. Salomón es consagrado rey: 1R 1,28-40.
- Salomón construye el templo y lo consagra: 1R 8,10-21.
- Los dos reinos: el del Norte y el del Sur: 1R 12,1-25.
- Elías cansado de la vida se encuentra a Dios. 1R 19,1-15.
- Injusticias del rey Ajab y su esposa Jezabel contra Nabot y su viña: 1R 21,1-16.
- Eliseo, un profeta que aprende de los pobres y los ayuda: 2R 4,1-7.
- Caída de Samaria: 2R 17,4-23.
- Reforma en tiempos del rey Josías y del profeta Jeremías: 2R 23,1-7.
- Sitio y destrucción de Jerusalén: 2R 25,1-3.

Después de haber escogido uno o dos textos para profundizar, el grupo responde a las preguntas:

4. ¿Qué soluciones encontraron los Reyes en su camino?

5. ¿Cómo se vivió la fe en esta época?

6. ¿Y nosotros qué tipo de gobierno debemos procurar tener?

Para el plenario: Preparar un retrato vivo sobre esta etapa del camino de Israel y la pancarta con el lema.

6. LOS DESTERRADOS

*A las orillas de los ríos de Babilonia estábamos sentados
y llorábamos al acordarnos de Sión.
"En los álamos de la orilla teníamos colgadas nuestras arpas...
¿Cómo podríamos cantar un canto a Yahvé
en tierra extranjera?"* (Sal 137,1-4).

Hechos y comentarios:

Babilonia combatió largo tiempo contra Judá. Hizo una primera deportación en la que sacó principalmente a los jefes y notables del país y a los técnicos y artesanos. Al caer la ciudad, el destierro fue más general aunque dejaron a algunos pobres como esclavos en su propia tierra para trabajar en las viñas y campos.

La vida del destierro fue dura, como es siempre es difícil dos 'migrantes' forzados. Habían perdido la patria, la tierra, el Templo... Todo prácticamente. Muchos, ante estas pruebas, perdieron también la fe y la esperanza y se fueron acomodando a la nueva situación. Un grupo pequeño y pobre, como semillas de resistencia, conservó la fe, la esperanza y la vida del pueblo. Es el pequeño resto de Israel que había anunciado el profeta Sofonías. Ese grupito de pobres, entre los cuales había algunos sacerdotes y profetas, luchó para animar la vida de comunidad. Miraron al pasado para fortalecer su fe en el Dios que los liberó y quien había creado todas las cosas. Soñaron en el futuro para acrecentar su esperanza en una nueva vida. No perdieron tiempo. Reunieron muchos de los escritos pasados y los fueron completando, reordenando. Estaban también muy atentos a los acontecimientos que iban pasando dentro de Babilonia y en los países vecinos. Por eso, un profeta llamado el Segundo Isaías fue consolando al pueblo, y descubrió en el avance y victorias del emperador persa, Ciro, la esperanza y la certeza de que para ellos también llegaría su liberación. Les hizo ver que tendrían, con la ayuda de Dios un nuevo Éxodo, una nueva salida del cautiverio. El profeta Ezequiel y su escuela sacerdotal son muy importantes en este tiempo de destierro.

Preguntas:

1. ¿Cuáles hechos nos llaman más la atención?
2. ¿Cuáles fueron los principales problemas que tuvieron?
3. ¿Cómo vivieron su compromiso con el pueblo los desterrados en esta época?

Temas y Textos:

- Las lamentaciones por la destrucción de Jerusalén y comienzo del destierro: Lamentación 5a.
- Quejas de los desterrados allá en Babilonia: Sal 137 (136).
- Los deportados son como huesos secos. Pero Dios los revivirá: Ez 37,1-14.
- Dios y el profeta consuelan a su pueblo y le anuncian el fin del cautiverio: Is 40,1-2.
- Babilonia será destruida. Recordemos la historia pasada de nuestro pueblo: Is 43,14-21.
- Dios se vale de Ciro como instrumento para liberar a su pueblo del destierro: Is 45,1-6.
- Los cánticos del siervo sufriente o servidor de Yahvé. (Los veremos al estudiar Isaías-Segundo en los Profetas).
- Profecía de un corazón y un espíritu nuevo y del regreso a la tierra: Ez 36,24-30.

Después de haber escogido uno o dos textos para profundizar, el grupo responde a las preguntas:

4. ¿Qué soluciones encontraron a sus problemas los desterrados?
5. ¿Cómo vivieron su fe los desterrados?
6. ¿Qué podemos hacer nosotros para ayudar a los refugiados y exiliados políticos?

Para el plenario: Preparar un retrato vivo sobre esta etapa del camino de Israel y la pancarta con el lema.

7. LOS RESTAURADORES

*"Cuando el Señor hizo volver a los cautivos
de Sión como soñando nos quedamos;
entonces se llenó de risa nuestra boca
y nuestros labios de gritos de alegría"*
(Sal 126,1-2).

Hechos y comentarios:
Ciro, gran rey persa, fue dominando varios territorios hasta que doblegó a Babilonia. Ciro dejó salir y regresar a su tierra a los desterrados cautivos. Los judíos van regresando poco a poco, y regresan con mucha alegría, cantando como cantan los salmos, pero pronto empieza a pasar la euforia.

Unos prefieren quedarse en Babilonia o dispersarse en Egipto y otros países. Algunos al regresar y encontrar todo en ruinas, no resisten y se vuelven a buscar otros lugares. Hay una gran dispersión (Diáspora). Toda reconstrucción es muy dura. Los que habían quedado en el lugar eran gente sencilla y muy esclavizada sin los suficientes medios para reconstruir.  Los vecinos, antiguos integrantes del Reino del Norte, o samaritanos no reciben con gusto a los que regresan y vuelven a agudizarse las divisiones.

Esto se agravó cuando Zorobabel, un descendiente de David, reconstruye el templo pues los judíos rechazaron unirse a los samaritanos, a los que consideraban paganos. Años después, el pueblo pide un líder y llaman a Nehemías que actúa como gobernador. Él reconstruye las murallas de Jerusalén y organiza mejor la administración pública del país.

Pero estos trabajos resultan pesados para todos y hay cierto malestar y se hecha a algunos enemigos en contra. Más adelante viene otro personaje notable a ayudar y es el sacerdote-escriba Esdras. Esdras emprende una nueva reforma espiritual en Jerusalén. Pone como centro de su reconstrucción la LEY. La ley puede llegar mucho más fácil a donde están los judíos, que los judíos al templo. Empieza así a formar el judaísmo como religión. Su apoyo está en la sangre o raza, en el templo, y sobre todo en la Ley. Además, por las dificultades para hacer la justicia y la liberación, muchos hombres buenos se van conformando con hacerse justos en el ámbito individual y moral.

El profetismo se empieza a apagar. Los profetas de este tiempo, bajo la dominación persa, son Zacarías, Ageo, Joel. Ellos ya no hacen tantas denuncias, sino más bien repiten un poco las ideas de los profetas anteriores y apenas son imitadores. Esta época es la edad de oro de los salmos: Recuerdan el destierro, se alegran de regresar a Jerusalén y a su templo. También se trabaja mucho en completar y armar colecciones de libros sagrados. A esta época de Restauración se le llama también del Judaísmo y abarca hasta el tiempo de los Macabeos.

Preguntas:
1. ¿Cuáles hechos nos llaman más la atención?
2. ¿Cuáles eran los principales problemas de los restauradores?
3. ¿Cómo vivieron su compromiso con el pueblo los restauradores?

Temas y Textos:
- El retorno: Esd 1,1-11.
- Los que regresan vuelven cantando llenos de alegría: Sal 122 y 125. Reconstrucción del nuevo templo dirigida por Zorobabel: Esd 3,1-13. Dificultades con los samaritanos y otros grupos: Esd 4,1-5 y Es. 4,12-16.

- Nehemías como gobernador llega a reconstruir las murallas de Jerusalén: Ne 2,11-20. Dificultades Ne 4,9-17.
- Muchos se burlan de los reconstructores: Ne 3,33-38. Los ricos no quieren contribuir: Ne 5,1-9.
- El judaísmo nace cuando Esdras escribe la ley: Ne 8,1-18.
- Reservar terreno para el Templo: Ez 45,1-6.
- El Espíritu sobre el siervo de Yahvé: Is 61,1-11.

Después de haber escogido uno o dos textos para profundizar, el grupo responde a las preguntas:
4. ¿Cómo fueron dando soluciones a sus problemas los restauradores?
5. ¿Cómo vivió su fe ese grupo de restauradores?
6. ¿Quiénes dificultan ahora mucho la restauración?

Para el plenario: Preparar un retrato vivo sobre esta etapa del camino de Israel y la pancarta con el lema.

8. DEFENSORES DE LA FE

"Por entonces se les unieron (a los Macabeos)
un grupo de los asideos (piadosos),
israelitas valientes, entregados de corazón a la ley.
También aquellos que huían de la opresión se les unieron.
Y lograron así formar un ejército que castigaba
a los pecadores y malvados" (1M 2,42-44).

Hechos y comentarios:
Esta época la podemos enmarcar cuando termina la dominación persa ante el empuje invencible de Alejandro Magno, el griego. Cuando murió Alejandro, pocos años después, se repartió el imperio griego entre sus generales. Palestina quedó al principio bajo los Tolomeos que tomaron el territorio de Egipto. Pero por luchas internas entre ellos, Palestina pasó después al dominio de los sirios que estaban al Oriente.

La cultura griega empezó a penetrar en los pueblos a quienes había dominado y también a los judíos, tanto los que estaban en Palestina como los que estaban dispersos en otros países. Esto trajo fuertes conflictos religiosos, tanto en lo personal, a nivel conciencia como en lo social por las divisiones internas a causa de las distintas ideas.

Cuando los romanos empezaron a extenderse, un rey de los sirios llamado Antíoco IV quiso hacerles frente. Como era más débil y no tenía suficientes recursos, robó objetos sagrados de los templos paganos y también del templo judío de Jerusalén. Esto agravó la crisis; los judíos estaban descontentos y Antíoco comenzó una represión del Judaísmo aún más fuerte. Prohibió cumplir la ley, cir-  cuncidarse y otras observancias de la ley. Metió la imagen de Zeus -dios griego- en el templo. Los judíos llamaron a esto como "Abominación de la desolación" (ver Dan 9,27 y Mt 24,15).

Entonces los Macabeos por una indignación religiosa, y tam- bién por protesta ante atropellos y por una ansia de indepen- dencia después de haber vivido oprimidos tantos años, encabezando al pueblo judío, se rebelaron y comenzó la Revolución Macabea. Historia de resistencia del pueblo y de fidelidad a la ley de Dios.

Matatías era el padre de 5 hijos: Judas, Juan, Simón, Eleazar y Jonatán y con ellos empezó el levantamiento, la guerra. Poco a poco se le fueron uniendo otros grupos de gente valiente y piadosa: los Assidim (de ahí saldrán más tarde los fariseos y los esenios) y otros, sobre todo los reprimidos por no aliarse ni aceptar las costumbres de los pueblos griegos y sirios.

Hubo mucha represión y hasta martirios, pero todo esto ayudó a buscar en la historia y en la fe un sentido a la muerte y fueron descubriendo la vida eterna, la resurrección.

Fueron ganando varias batallas. Aunque tuvieron varios reveses y derrotas lograron conseguir la libertad religiosa y la independencia política. Después de purificar el templo establecieron nueva fiesta: la dedicación.

Muere Matatías y luego mataron a Judas. Hay también intrigas internas y traiciones. Jonatán sube como sumo sacerdote pero es asesinado. Simón toma el mando y junta en sí el poder de rey y de sumo sacerdote. Le sucede su hijo Juan. Aquí comienza el tiempo de los reyes Hasmoneos.

Preguntas:
1. ¿Cuáles son los hechos principales de los Macabeos?
2. ¿Cuáles son los problemas mayores que tienen?
3. ¿Cómo viven el compromiso con el pueblo estos defensores de la fe?

Temas y Textos:
- Penetración de la cultura griega en Israel y sus consecuencias: 1M 1,10-15.
- Antíoco IV saquea el templo y persigue a los judíos fieles a la ley: 1M 1,16-50.
- Matatías retoma la historia de su pueblo Israel para animar a seguir la lucha: 1M 2,49.
- Purificación y dedicación del templo: 1M 4,36-59.
- Valoración del martirio y de morir por la fe y la patria: 2M 7,20-23.
- Esta experiencia de persecución y martirio hará encontrar la fe en la resurrección: 2M 7,21-42.

Después de haber escogido uno o dos textos para profundizar, el grupo responderá a las preguntas:
4. ¿Qué solución encontraron los Macabeos a los problemas del pueblo?

5. ¿Cómo vivieron los Macabeos su fe en Dios?
6. ¿Y nosotros, por quién estaremos dispuestos a dar la vida?

Para el plenario: Preparar un retrato vivo sobre esta etapa del camino de Israel y una pancarta con el tema.

Dinámica del plenario: El Camino de Israel

Desarrollo de la dinámica:

En un patio o salón grande pintamos un largo y ancho camino. Ahí se van colocando los distintos grupos por orden histórico, y se colocan a manera de un retrato vivo que representa alguna escena de la etapa que estudiaron. Todos muestran sus temas. Al cabo de un momento se iniciará una conversación de peregrinos en el camino. Cualquier grupo puede preguntar algunos datos básicos: ¿Cómo se llaman? ¿En qué tiempo vivieron? ¿Qué problemas tuvieron? ¿Cómo los resolvieron? ¿En qué ayudaron al pueblo a caminar? ¿Cómo vivieron la fe en Dios?

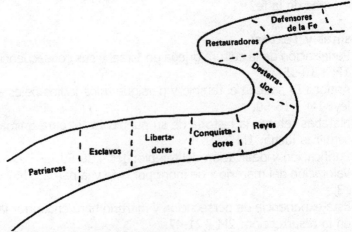

Luego nos haremos caminantes de hoy, del mismo camino. Deshacemos el retrato vivo de la etapa, quedamos como caminantes de aquí y de hoy, nos preguntamos sobre nuestros problemas y soluciones. En general, procurar dar respuestas breves para no alargar demasiado y a la vez permitir que varios participen. Cada grupo analiza como se da en el camino de hoy lo que vimos en la etapa.

Hemos narrado y recorrido los hechos principales del camino de Israel. Este es el primer momento y el cimiento de la construcción del Poblado de la Biblia. Por eso la Biblia es un libro vivo, fuente de vida y que sirve para la vida y hemos de entrar en él desde la vida.

Oración:

Los 8 grupos se vuelven a reunir cerca del comienzo del camino de Israel. Quien dirige el curso puede hacer una oración que resuma el camino recorrido y anime a continuar el camino en nuestro tiempo de hoy. Los grupos por orden, en silencio y meditando sobre las distintas etapas, van recorriendo muy despacio todo el camino de Israel. Al llegar al final se empieza a cantar algún canto y se celebra con un saludo la llegada de los caminantes.

NB: Si no se puede hacer la dinámica anterior, se puede presentar en un lugar la escena o bien que algunas personas narren los principales hechos acontecidos en la etapa que les tocó.

Segundo Momento
LA MEMORIA DEL PUEBLO DE DIOS

"Queden grabadas en tu corazón estas palabras
que te mando hoy, se las repetirás a tus hijos...
Cuídate de no olvidarte del Señor Yahvé que te sacó de
Egipto, de la casa de esclavitud..." (Dt 6,5-12).

Hemos recorrido el camino de Israel, es una historia larga y llena de acontecimientos. Nos parece difícil recordar y guardar en la memoria tantas cosas. También para el pueblo de Israel fue difícil y así muchos quedaron en el olvido; a otros les agregaron algunas cosas y hasta repetían el mismo suceso, contado de diferentes maneras. Lo que pasó fue que en aquellos tiempos no tenían grabadoras, casi ni libros y por eso mismo el pueblo tenía muy buena memoria y guardaba los hechos y leyendas a lo largo de muchísimos años. ¿Cómo le hacían?

La memoria es grupal, popular y sus experiencias fueron quedando en pequeñas narraciones (perícopas). En este campo tienen más posibilidad de participar los pobres, la mujer y por esto, tiene fuerza subversiva, de cambio.

Invitar a Doña Memoria. Preguntémonos nosotros mismos: ¿Cómo trabaja nuestra memoria? ¿Qué cosas nos ayudan a recordar mejor y qué cosas se nos quedan más grabadas?
El grupo aporta algunas respuestas...

Los sentidos: vista, oído, olfato, gusto, tacto nos ayudan mucho a recordar lo que vimos, oímos, sentimos... Por eso vamos a hacer una dinámica.

Dinámica: La Memoria del Pueblo de Dios

Material:
* Una mesa para ir poniendo los objetos,
* Un montón de tierra,

* Unos ladrillos,
* Un instrumento musical: guitarra o tambor,
* Una Constitución Mexicana o libro de leyes,
* Un retrato de algún héroe nacional.

Desarrollo de la dinámica:

Vamos retomando lo aportado al responder las preguntas:

Se nos puede olvidar cualquier cosa, menos comer. De verdad, el estómago es el que tiene mejor memoria. Lo que comemos brota de la tierra. Por eso ponemos aquí este montón de tierra. Israel nunca olvidó que Dios le había prometido una tierra, y que ese Dios luchó para entregarla en posesión a su pueblo (Dt 6,4-13). Cuando han perdido la tierra y están desterrados recuerdan su tierra (Ez 37,11-14).

- Ahora ponemos estos ladrillos o piedras, unos encima de otros. Esto significa las construcciones, monumentos, altares, santuarios, pozos... Todo esto les ayuda a recordar, a rehacer historias y leyendas. Y se ayudaban con el significado del nombre. Entre muchísimos ejemplos:

   + Gn 26,15-22: Los pozos.
   + Gn 28,10-19: Betel-Santuario.
   + Josué 4,21-24: Paso de Jordán.

- Esta guitarra o tambor nos recuerda la importancia de los cantos, salmos y fiestas para recordar el pasado. La Biblia comenzó en cierto modo con los cánticos de tres mujeres: Miriam: Ex 15,1-21; Débora: Jue 5,1-31; y el de Ana (ya más tardío) 1Sam 2,1-10.

- Vamos ahora nosotros a cantar algún canto o corrido que nos recuerde algo de nuestra historia patria... Las fiestas nos recuerdan aniversarios y acontecimientos de nuestra vida. Los pueblos hacían fiestas de pastores y de agricultores que luego fueron teniendo una dimensión de liberación: Dt 16,16-17 y Ex 23,14-17.

- Se ponen tres personas: Señorita Primavera (flores), Señor

Verano (borrego y pan) y Don Otoño (ramas) para simbolizar y representar las tres fiestas principales.

Primera fiesta: La Pascua, en la que festejaban las primeras crías de primavera y panes ázimos: les recuerda luego el Éxodo, el acontecimiento principal de la liberación del pueblo. Y eso para que sepan explicar y dar cuenta a sus hijos y descendientes. Ex 13,14-16; Dt 16,1-8.

Segunda fiesta: Pentecostés, en verano empieza el corte o siega de trigo. Se hace al terminar 7 semanas de 7 días, o sea, a los 50 días. Pentecostés es una fiesta que recuerda y celebra la ley del Sinaí, Dt 16,9-12.

Tercera fiesta: La de los Tabernáculos o tiendas en el otoño, es una fiesta muy alegre y popular, celebra la recolección de frutos y recuerda esas tiendas o enramadas, la travesía por el desierto. El desierto es el lugar de prueba para ir a la tierra prometida y para encontrarse con Dios, Dt 16,13-15; y Lev 23,41-44. Debe ser una fiesta popular, donde participen todos, hasta los más pobres.

Más tarde se añaden dos fiestas más: La de la Expiación y la Dedicación del Templo.

Los Salmos son cánticos e himnos que memorizaban para recordar las maravillas de Dios. El Salmo 105 es un resumen de parte de la Historia de Israel. También el 78 es la historia, la vida que se hace oración. Salmos que salgan de distintas experiencias a necesidades: ¡Salmos! alabanza, súplica, promesa... Celebran la alianza y ayudan a la memoria del amor fiel del Señor y de los hechos.

Esta constitución o libro de leyes nos hace ver cómo el pueblo recordaba su historia. En primer lugar, cuando le dan los Mandamientos insiste en enseñar que su mismo Dios Libertador, Aquel que los sacó de la esclavitud de Egipto, es quien les manda estos Mandamientos, Ex 20,2; Dt 6,20-24. Por eso, para no olvidar lo realizado por Dios, querían llevar esa ley ante sus ojos y en todo su ser.

Los Proverbios les ayudan mucho para comprender el mensaje y memorizarlo. Por eso en el Eclesiástico se nos da en resumen la gloria de Dios: en la naturaleza. Caps. 42,15 al 43,33. En la historia. Caps. 44 al 49.

Toda esa sabiduría popular ayudó mucho a la memoria.

Este retrato de un héroe nos hace comprender que el pueblo presentó su historia por medio de personas, figuras-tipo que ayudaban a recordar e inspirar el camino. Estos héroes no son tipo superhombres: Superman, Batman, Kaliman, que son individualistas, sino figuras-pueblo, que simbolizan y representan al mismo pueblo con sus anhelos, esperanzas y deseos para el futuro. Al dar las bendiciones se recuerda a las personas y su historia (Gn 49,1-29; Dt 33,1-25).

Vamos ahora a repasar nosotros estos objetos simbólicos. ¿Qué nos ayudan a recordar?
1. ¿Por qué tenemos aquí este montón de tierra?
2. ¿Y estos ladrillos o piedras amontonadas?
3. ¿Y este tambor o guitarra, cantos, qué nos recuerdan?
4. ¿La Constitución o leyes de qué manera ayudan a la memoria?
5. ¿Y este retrato qué significa?

Sigamos adelante explicando más la memoria del pueblo de Dios.

¿Quién es el que recuerda, el que guarda en la memoria?
- Es el pueblo mismo de Israel. Todos van colaborando. Los padres que enseñan a sus hijos de generación en generación; los jefes del pueblo que levantan monumentos, los sacerdotes que celebran las fiestas junto con el pueblo, los historiadores,

profetas y sabios que a partir del presente, miran el pasado y se proyectan hacia el futuro de diferentes maneras según sus estilos y maneras de ser y de escribir. El pueblo piensa que Dios sólo se acuerda de nosotros a la hora de la muerte. Dios ya se acordó de don Doroteo o de Panchita.. Y es todo lo contrario. Dios se acuerda siempre y para la vida.

¿Qué es lo que el pueblo recuerda más y quiere conservar en su memoria?

- A Dios, el Señor Libertador y creador de todas las cosas. Un Dios que es bueno y misericordioso con su pueblo, que es fiel y sabe perdonar, un Dios que tiene muy buena memoria y que nunca olvida a su pueblo: "Aunque una madre se olvidara de su hijo, yo jamás me olvidaré de ti" Is 49,15-16. Dios de lo único que nunca se acordará jamás y lo olvida para siempre, es de nuestros pecados perdonados. Jer 31,34.

Y Dios quiere que su pueblo recuerde lo que ha hecho por él: Miq 6,1-8.

- El hecho, el acontecimiento principal que mejor grabó en su memoria y lo lleva en sus narraciones, profecías, salmos y lo repite una y otra vez, aunque cada vez lo mire con ojos nuevos, es LA PASCUA LIBERADORA: Éxodo -salida y travesía por el desierto-.

Así se iba preparando, juntando, completando el material para la construcción del Poblado de la Biblia. Se construyen unas casas por allá en Jueces, luego en Éxodo se van formando las calles, los barrios, poco a poco. Este poblado es la gran obra que va ayudando para no olvidar lo que Dios ha hecho por su pueblo y lo que el pueblo va haciendo en su caminar por la vida. "Pongan estas palabras en el corazón... como recordatorio... las escribirás hasta en las puertas..." Dt 11,18-20.

Meditación-oración:

"Yo dejaré en medio de ti un pueblo pobre y humilde. En el nombre de Yahvé estará su esperanza..." Sof 3,12.

Finalidad: Meditar, recordar nuestras propias vidas y caminos, sufrimientos, penas, alegrías personales o de nuestro pueblo.

Material:
* Un tronco o yugo de madera ancho y de un metro de largo (u otro objeto pesado y cargable).
* Hierbas amargas.

Los pobres y los que sufren son la única esperanza de Dios aquí en este mundo, porque ellos son los únicos que sólo tienen puesta la esperanza en Dios.

Dios nos ama a todos, no porque nosotros seamos buenos, sino porque Él es bueno y por su misericordia, como Rey ideal y eternal, muestra un amor preferencial, no excluyente, por los más necesitados.

- Nos sentamos como los desterrados, en el suelo, con los pies descalzos para sentir nuestra pobreza y el contacto con la tierra, con la vida. Doblamos un poco nuestra cabeza hasta apoyarla en el suelo en señal de la opresión que sufre el pueblo pobre... Una persona lee pausadamente Lamentaciones, capítulo 3, para ayudarnos a meditar sobre los yugos, ajenos y amarguras sufridas por el pueblo.
- Mientras oramos pasamos el tronco o yugo y lo ponemos sobre nuestro cuello para sentir el peso de la esclavitud, de la opresión. También se pasa el plato con yerbas amargas picadas, las mascamos o comemos para recordar las amarguras del pueblo que sufre hambre y dolor, enfermedad... Tanto de nuestros antepasados, como de nuestros contemporáneos de ahora.
- Las personas del grupo, a lo largo de la dinámica de oración, van compartiendo experiencias dolorosas, tristes, sus yugos y amarguras, sean personales o de nuestro pueblo.
- Para terminar se pueden hacer algunas peticiones al Señor para que se acuerde de nosotros y nosotros nos acordemos de Él. A cada petición el que termina dice: ¡Dios mío, ven en

mi auxilio! Todos contestan: Señor, date prisa en socorrerme. Nos ayudamos unos a otros a levantarnos del suelo y cantamos algún canto de alegría y de esperanza.

● Damos gracias a Dios por sus favores y beneficios. A cada acción de gracias contestamos: Porque su amor no tiene fin. Porque es eterno su amor.

Tercer Momento
ESCRITORES Y ESCRITOS
DEL ANTIGUO TESTAMENTO

Estamos estudiando cómo se construyó el Antiguo Poblado de la Biblia. Vimos la historia de los hechos en el camino de Israel, la memoria del pueblo de Dios para guardar, recordar, transmitir esos hechos y ahora vamos a explicar cómo se fueron levantando las casas, calles y barrios de este Antiguo Poblado. No nos detendremos mucho en esta ingeniería y su arquitectura, sino mejor vamos a ir directamente a los barrios, pasear por sus calles y entrar en algunas casas, para conocer al pueblo mismo que realizó los hechos, que vive en la memoria del pueblo que se presenta en los escritos.

Dinámica: La guitarra

Material:
* Una guitarra.

Desarrollo de la dinámica:
¿Cuáles son los elementos necesarios para que esta guitarra funcione, para que toque? Caja de resonancia, cuerdas y la mano que las pulse.

La Biblia se parece a una guitarra: que al tomarla en las manos y tocarla tiene también tres requisitos que debemos considerar: La caja de resonancia que en la Biblia es la realidad de la vida; las cuerdas son las letras del texto y la mano es la fe de la comunidad.

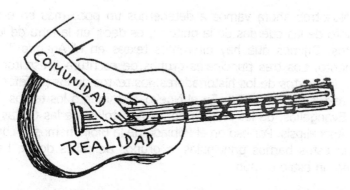

1) La realidad de la vida, tanto de cuando fue vivido el hecho o cuando fue escrita la Biblia, como de cuando es leída, afecta mucho al sonido, al sentido que se le da al texto. Así como si la caja de esta guitarra fuera más grande o más chica, de una clase de madera o de otra, daría distintos sonidos.

2) La letra de los textos, también varía y tiene diferentes sentidos. En la guitarra hay cuerdas gruesas, otras medianas y otras delgadas. Oigan qué distinto suenan. Y lo mismo varía el sonido si toco las cuerdas arriba o abajo, sueltas o apretando... Hay que conocer un poquito las pisadas de la guitarra para tocarla bien. Es necesario tener algo de ciencia para leer la Biblia con más acierto, con más provecho. Hay variedad de cuerdas-textos: leyes, leyendas, parábolas, profecías y otros muchos géneros literarios. Todo esto nos ayuda a escuchar, comprender y gustar la Palabra de Dios, su mensaje, su música espiritual.

3) La mano que toca, es el alma de la comunidad. La guitarra se toca de diferentes maneras, varía de un lado a otro, de una persona a otra, y es más, hasta la misma mano, de un momento a otro, según el estado de ánimo. Hay que tener en cuenta que aun la mano con ser una sola, tiene cada dedo distinto. Así en la comunidad hay diferentes personas. También, cuando leemos la Biblia, sacamos diferentes luces y conclusiones en una comunidad o en otra, en unos momentos y en otros.

Nosotros ahora vamos a detenernos un poco más en este asunto de las cuerdas de la guitarra, es decir, en la letra de los textos. Dijimos que hay diferentes textos en el Antiguo Testamento. Los tres principales grupos de escritura y escritores son: los textos de los historiadores, los textos de los profetas y los textos de los sabios. En el Nuevo Testamento los textos de los Evangelios, de los Hechos de los Apóstoles, de las Cartas y del Apocalipsis. Por eso en el Poblado de la Biblia hemos encontrado estos barrios principales, o grupos de calles donde hay como un estilo común.

Explicación General sobre Escritores y Escritos del Antiguo Testamento

"HACER EN PRESENCIA DE DIOS LA ALIANZA:
para andar atrás de Yahvé y guardar sus mandamientos,
testimonios y sus preceptos con todo el corazón y
toda el alma y poner en vigor las palabras
de esta alianza ESCRITAS en este LIBRO.
Todo el pueblo confirmó la Alianza" (2R 23,3).

En el Antiguo Poblado de la Biblia encontramos tres barrios distintos[2]: el barrio de los Historiadores con 17 calles; el barrio de los Profetas, con 16 calles y el barrio de los sabios con 13 calles. Recordemos que cada calle es un libro de la Biblia. Las cinco primeras calles del barrio de los Historiadores forman el Pentateuco o Sector de la Ley o Torah.

Los ingenieros constructores del Poblado de la Biblia son guiados en la fe, e inspirados por Dios y acompañados por el pueblo al escribir el libro de la ALIANZA. Ellos tratan de ser fieles al único PROYECTO DE DIOS y caminar por el mismo CAMINO DEL PUEBLO.

---

[2] Nota del autor. El modo de ordenar los barrios, y de integrar unas calles (libros) en uno u otro barrio o colonia varía según la edición de la Biblia. Aquí he tomado el orden y acomodo propuesto por la Biblia Latinoamericana.

Aquí conviene mostrar los retratos del álbum de la Biblia de las ocho etapas o el cartelón del camino con los dibujos.

Sin embargo, como hemos constatado, al recorrer el camino de Israel, las situaciones y problemas varían en cada etapa; por eso las soluciones, los aportes, son distintos. Y aun dentro de cada etapa hay diferentes maneras de ser -carismas personales- que hacen actuar con finalidades específicas. Vamos a comprobarlo en los tres tipos de ingenieros-constructores:

1) **Los historiadores escriben descubriendo,** narrando y recordando el pasado.
2) **Los profetas escriben denunciando y anunciando,** procurando la conversión y apuntan al futuro.
3) **Los sabios escriben captando y experimentando** la sabiduría popular que viven en el presente.

Obviamente, los tres grupos tienen muchas cosas en común y semejanzas, pues según su situación, junto con el pueblo, van haciendo su reflexión sobre Dios y la vida.

Aman a Dios y desde este amar en el momento presente, miran con fe el acontecimiento pasado y se lanzan con esperanza hacia el futuro. Sin embargo, cada grupo hace hincapié en un momento o aspecto peculiar.

Conviene tener en cuenta en el camino de Israel, la etapa del tiempo y las problemáticas que están viviendo el pueblo y el escritor para descubrir el mensaje, la noticia que nos están comunicando. Para explicar los tres grupos: Historiadores, Profetas y Sabios, veremos a 4 héroes de Israel, dialogaremos con 4 profetas del Pueblo de Dios y observaremos 4 muestras de sabiduría popular.

CUATRO HÉROES DE ISRAEL

Los historiadores nos presentan muchos personajes, figuras, modelos ejemplos en el caminar de Israel. Escogemos cuatro héroes muy significativos a quienes encontramos en cuatro de las etapas que ya recorrimos y que están en diferentes calles del barrio de los historiadores: Abraham es de la época de los Patriarcas y lo encontramos en el libro del Génesis. Moisés es de la época de los libertadores, principalmente en el Éxodo, Levítico, Números y Deuteronomio. Josué, de la época de los conquistadores, en el libro que lleva su nombre: Josué y un poco en Números y Deuteronomio. David de la época de los reyes en los libros de Samuel 1 y 2.

Es importante recordar que estos escritos se escribieron años después de los hechos. Por eso, con frecuencia, encontramos en la misma calle y hasta en la misma casa del Antiguo Poblado de la Biblia la mano y el estilo de varios ingenieros-constructores que dan toques y retoques a la vida de estos héroes, y a veces hasta los desfiguran un poco. No nos vamos a poner a escarbar mucho sobre eso, es muy complicado y se lo dejamos a los especialistas. Solamente comentaremos algunos grupos o escuelas de constructores-escritores más conocidos.

En el tiempo del Rey Salomón, Siglo X a.C. Debido a la paz y cierto acomodo, se propicia que un grupo llamado Yavista empiece a escribir. Más tarde, en el Reino del Norte, Israel, por el siglo VIII a.C., hay otro grupo llamado Elohista. En el tiempo de la Reforma del Reino del Sur, Judá, siglo VII a.C., trabaja el grupo llamado Deuteronomista. Y en tiempo del destierro y al regreso a Jerusalén, siglos VI y V a.C; un grupo llamado Sacerdotal. (Pueden señalarse estos momentos en la cinta del tiempo). Podemos complementar en Peregrinos de la Palabra[3].

[3] J. Saravia, Peregrinos de la Palabra. Podemos usar la representación del camino de Israel con el mapa en vivo, p. 63-67 al dar la visión de conjunto al presentar la Parábola del Poblado de la Biblia, o bien al comenzar la primera parte, sobre el camino de Israel o en este momento para ubicar a los escritores: "Doña Memoria le entrega cuatro hojas (las cuatro tradiciones escritas) al Escritor. El escriba Esdras, en Babilonia las ordena y unifica para formar los primeros libros de la Biblia. Lleva la Biblia a Jerusalén y lee el Pentateuco a Don Hecho, quien llora y se alegra." p. 66.

Dinámica: El Rompecabezas de los Héroes

Pasemos al estudio de los cuatro héroes de Israel con una Dinámica.

Material:
* Cartulina o manta de donde se recorta la figura de una persona, dejando el espacio vacío.
* Cuatro figuras iguales, cortadas en 6 piezas (cabeza, cuerpo, brazos y piernas) que quepan en el espacio del papel o cartulina. A la cabeza se le pone el nombre del héroe que se estudia (Abraham, Moisés, Josué, David). Al cuerpo se le pone la palabra pueblo y la etapa a la que corresponde el héroe (Patriarcas, Libertadores, Conquistadores, Reyes).

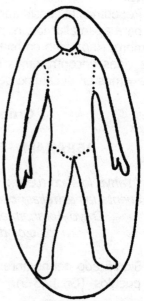

Desarrollo de la dinámica:
- Se forman cuatro grupos. Cada grupo profundiza en la vida del héroe que le tocó, contesta las preguntas y elige algunos textos para estudiarlos. Luego buscarán cuatro héroes actuales que hayan seguido sus pasos o sus obras.
- En el plenario, armarán el rompecabezas entre seis personas del grupo (si el grupo es menor, con las personas que se dispongan). El que ponga la cabeza, contará la vida del héroe, sus hazañas y cualidades. El que pone el cuerpo explica cómo influyó este héroe en la vida del pueblo. Los cuatro que pongan los brazos y piernas hablarán de los héroes actuales y en que se parecen a los héroes del Antiguo Testamento.
- Si quedaran muchos huecos querrá decir que nos faltan muchos héroes, o que no los conocemos o nos los han ocultado. Es muy importante que el pueblo conozca y recupere su

historia y hasta ayuda que dejemos algún hueco, pues faltan héroes en realidad.

Nota:

Repetimos la consideración que el poner héroes al pueblo no es para apantallarnos, ni para darnos un ejemplo de un super-hombre, sino como un hombre-pueblo. Por eso, al ir estudiando sus vidas encontraremos referencias y aun repeticiones de lo que vimos en el camino de Israel.

Grupos de trabajo

ABRAHAM: -El padre de nuestra fe-

"Yahvé lo sacó fuera y le dijo: 'Mira el cielo, y si puedes, cuenta las estrellas; pues bien, así será tu descendencia'. Creyó Abraham al Señor y éste fue su mérito a los ojos de Yahvé" (Gn 15,5-6).

Significado del nombre: Abraham -padre de muchedumbres de pueblos- (Gn 17,3-5).

Resumen de su vida:

Abraham emigró de Ur para Jarán. Luego, Dios sacó a Abraham de su tierra, de su patria para darle una tierra y un pueblo. Abraham obedece y sale, emigra y camina a oscuras, errante, pero con la esperanza en la frente y un anhelo en su corazón. Tener tierra y formar un pueblo... De nada sirve la tierra si no hay quien la trabaje, la viva, y tampoco puede sobre-vivir un pueblo sin una tierra donde pueda producir el pan de cada día.

Abraham llega a Canaán y anda como enmigrante, es pastor seminómada, acampando de un lado para otro. Sin embargo, el hambre lo saca y le hace emigrar de nuevo; así sale hacia Egipto. De allá regresa de nuevo a tierras cananeas. Las tierras y pastos son pocos y por eso se separa de su sobrino Lot.

Cuando éste, por problemas de tierras cae preso, Abraham sale a pelear por su libertad y también por las tierras, aunque sin despojar a quienes había ayudado.

Abraham ha luchado para ayudar a que otros tengan tierra, aunque él no tiene tierra propia. Anda solo como pastor buscando pastos para sus ovejas. Probablemente se siente sin ilusión al no tener hijos a quién dejárselas. Pero recuerda la promesa y su conciencia se aviva. Escucha la voz de Dios que le dice: "*No temas. Pero, mi Señor, qué me vas a dar si no tengo hijos...*" Gn 15,1-2. Dios le renueva la promesa y se compromete con él, para hacerla realidad, Abraham cree, pero no sabe cómo llevar a cabo el plan de Dios. Piensa que será por medio de Eleazar su criado. Pero Dios le corrige. Entonces Abraham y Sara piensan otro plan: tener un hijo por medio de la esclava. Y nace Ismael. Dios lo vuelve a corregir y le exige más fe, soñar lo imposible. Sara es vieja y estéril. Por fin nace Isaac, que significa risa, a causa de la risilla dudosa que había tenido Sara.

Viene otra prueba más. Sacrificar a su hijo único. En aquellos tiempos había una costumbre pagana de inmolar los hijos a los dioses para complacerlos. Abraham apenas va madurando en su fe y piensa que Dios le pide ese sacrificio. Sin embargo, su conciencia y su nueva fe en el Dios de la vida le detienen la mano para no matar a su hijo y la esperanza de formar un pueblo. Ahí da la sangre para un nuevo pueblo y la fe nueva en el Dios de la vida, distinto a los dioses paganos.

Abraham es el patriarca, padre de la Fe, modelo y pionero de los emigrantes. Murió Sara y Abraham compra para ella y para él una sepultura. Esta sería la única tierra que él alcanzaría de la promesa. Pero ahí se enterró la semilla de un pueblo que brotaría para siempre vivir.

Preguntas:
1. De la vida de Abraham ¿qué nos llama más la atención?
2. ¿En qué sentido podemos decir que Abraham es padre de un pueblo y padre de nuestra fe?

Temas y Textos:

Ver de qué tratan los títulos:

- Vocación de Abraham: Gn 12,1-19.
- Abraham lucha por la libertad y por las tierras: Gn 14,10-24.
- Abraham va creyendo en las promesas que Dios le hace: Gn 15,1-20.
- Dios hace alianza con Abraham: Gn 17,1-27.
- Nacimiento de Isaac: Gn 21,1-7.
- Sacrificio de Isaac: Gn 22,1-19.
- Abraham compra sólo la tierra para la sepultura: Gn 23,12-20.

El grupo escogerá uno o dos de los textos para profundizarlos y al terminar se responden a las preguntas:

3. ¿Qué virtudes vivió y practicó Abraham en este pasaje?
4. ¿Cómo vivió la fe Abraham en este episodio?
5. Busquemos algunos héroes de nuestra historia, ya sea en el ámbito nacional o más bien local que tengan alguna semejanza con Abraham.

Para el plenario: Presentaremos el rompecabezas con un resumen breve de nuestro héroe bíblico y los héroes actuales que hayamos encontrado. Debemos decir en qué o por qué se parece nuestro héroe actual a Abraham.

MOISÉS: -El libertador de nuestro pueblo-

"Ahora pues, ve; Yo te envío para que saques a mi pueblo, los hijos de Israel, de Egipto" (Ex 3,10).

Significado del nombre: Moisés -sacado de las aguas- (Ex 2,10).

Resumen de su vida:

Cuando algunas de las tribus de Israel sufrían lo más fuerte de la esclavitud: trabajos forzados, represión y muerte, nace Moisés. Para salvarlo, su madre lo pone en un cesto y lo deja en el Río Nilo. La hija del Faraón lo encuentra, lo recoge y lo educa en el palacio. Su madre fue llamada para alimentar con su leche al niño, y ella probablemente aprovechó y alargó esa presencia para alimentar su sentido de raza Israelita. Moisés va creciendo y se va dando cuenta de la situación de injusticia en que viven sus hermanos. Un día ve a un capataz egipcio golpeando a un israelita. Su sangre se revela y subversivamente mata al egipcio. Vuelve a su pueblo para ayudarlo, para evitar pleitos y divisiones internas.

El pueblo desconfía de él y lo rechaza. Faraón comprende que Moisés va optando por el pueblo oprimido y esclavo y lo empieza a perseguir. Moisés tiene que huir para Arabia.

Moisés defendió y libró de una especie de asalto a unas muchachas, a la orilla de un pozo. El padre de ellas le agradeció su buena obra y le dio por esposa a Séfora, una de sus hijas.

Moisés era pastor de su suegro Jetró; se siente forastero en tierra extraña y esto quizá le impulsa a salir hacia el desierto. Su conciencia arde como una zarza al recordar a su pueblo que quedó en la esclavitud. Su fe le hace encontrar a Dios y escuchar su llamado. Sin embargo, le cuesta aceptar la Misión de liberación y le pone peros y reparos a Dios que le envía a reunir a los jefes del pueblo y a enfrentarse a Faraón para liberar al pueblo.

Moisés va a cumplir la misión de liberación que el Señor le ha encomendado. Dios estará con su pueblo. Comienza reuniendo a los jefes. Empieza la lucha: diálogos, amenazas del Faraón y aumento de opresión y represión a los trabajadores esclavos. Y estos israelitas se quejan ante Faraón y se molestan contra Moisés y sus libertadores a quienes culpan de su situación.

Moisés ya no puede detenerse, ni detener las plagas que se han desencadenado. La lucha a ratos aprieta, a ratos afloja. Faraón a ratos cede y concede, pero luego se echa para atrás y se endurece.

La lucha por la liberación es muy dispareja. Sin embargo, Moisés sabe aprovechar el conocimiento que tiene de los egipcios y la situación de opresión en que están los hebreos, para pedir ayuda: comida y armas.

Por fin, Moisés marca la señal: La luna llena de primavera será la señal, la orden de salida. Y salen huyendo. Atraviesan el Mar Rojo.

Pero Moisés no termina su obra, ni el pueblo está ya liberado por haber salido de la casa de la esclavitud. Hay mucho que hacer; un largo camino por recorrer para aprender a vivir como hermanos, para organizarse como pueblo. Por eso Moisés los va conduciendo por el desierto y ahí aprenden a buscar la vida, a no acumular, a delegar la autoridad y van descubriendo las leyes de la hermandad. También en el camino hay oposición, contradicciones y algunos que quieren quitar a Moisés y otros regresar a la esclavitud. Tienen siempre puestos los ojos en la Tierra Prometida, y el corazón agradecido con el Dios que les ha liberado, les acompaña y ha sellado la Alianza, "tú serás mi pueblo y Yo seré tu Dios".

Preguntas:
1. ¿De la vida de Moisés, qué nos llama más la atención?
2. ¿Por qué le llamamos a Moisés el libertador de nuestro pueblo?

Temas y Textos:
Ver de qué tratan los títulos para escoger uno o dos y profundizarlos.
- Infancia y juventud de Moisés: Ex 2,1-22.
- Vocación y misión de Moisés: Ex 3,1-17.
- El pueblo se queja contra su libertador Moisés: Ex 5,15-23.
- Moisés sabe ganar aliados entre los egipcios pobres: Ex 11,1-3.
- El camino y la oración de Moisés: Ex 33,1-23.
- Moisés es mediador de la Alianza entre Dios y su pueblo: Ex 19,13-15.

Después de haber leído el texto escogido para profundizar, preguntarse:

3. ¿Cuáles son las enseñanzas que nos da Moisés?
4. ¿Cómo vivió Moisés en este episodio su compromiso libertador?
5. Busquemos algunos héroes de nuestra historia, ya sea en el ámbito nacional como local que tengan alguna semejanza con Moisés.

Para el plenario: Presentaremos el rompecabezas con un resumen breve de nuestro héroe bíblico y los héroes actuales que hayamos encontrado. Debemos decir en qué o por qué se parece nuestro héroe actual a Moisés.

JOSUÉ: -Organizador popular-

"Levántate y pasa ese Jordán,
tú con todo este pueblo hacia la tierra
que yo doy a los hijos de Israel" (Jos 1,2).

Significado del nombre: Josué -Jesús, Dios que salva y libera- (Mt 1,21).

Resumen de su vida:

Cuando el pueblo recién liberado marchaba por el desierto rumbo a la tierra prometida, nos encontramos a Josué, un joven valiente y valiosísimo. Moisés lo escoge como su ayudante, como su lugarteniente y lo manda a la batalla. Le pide que elija a los combatientes. Josué es capaz de obedecer y mandar (Ex 17,1).

Josué sabe estar cerca a Moisés en los momentos importantes, como cuando sube con él a la montaña, en la presencia de Dios a labrar y asentar los Mandamientos (Ex 24,13). También lo acompaña cuando cuida la tienda de la reunión, un lugar donde la Asamblea del pueblo descubre la presencia de Dios y su camino. Ahí está Josué a pie firme (Ex 33,11).

Otro momento importante del camino por el desierto fue la expedición para explorar y reconocer la tierra prometida. Enviaron a doce hombres, uno por cada tribu; entre ellos Josué y Caleb, que regresaron contando que habían encontrado tierra muy buena, pero con habitantes muy fuertes. El pueblo y los expedicionarios tienen miedo, excepto Caleb y Josué quienes los animan a entrar y conquistar aquella tierra tan rica. Sólo ellos dos, como premio a su valor y a su constancia, llegarían años después a entrar a la tierra prometida.

Josué tiene las condiciones y cualidades de un buen líder, le entra a la lucha y sabe hacer que otros le sigan. Por eso Moisés le impone las manos, le anima y le inculca la fe en el Dios del pueblo. Josué se va preparando para ser el sucesor de Moisés. Y así, al morir Moisés, Josué sabe asumir con mucha sabiduría y valor el cargo de jefe del pueblo.

Josué tiene ahora la tarea de continuar el camino, la conquista de la tierra. Pasa al Jordán y después de sitiar la ciudad de Jericó, la toma. Josué muestra tener mucha estrategia militar en la toma de la ciudad de AY.

Josué muestra su mayor ingenio en la organización popular que promueve entre las tribus, hace asambleas donde se nombran secretarios, se consideran los problemas, se hacen planes para distribuir la tierra y se nombran comisiones. Josué sabe hacer alianzas y también convocar y recibir a otros grupos y pueblos para ir formando al Pueblo de Israel. Les respeta sus tradiciones y costumbres, pero procura que haya una fe común en Dios, que ayude a mantener la unidad del pueblo por encima de todas las circunstancias.

Josué, junto con el pueblo, rehace el compromiso y la alianza para ser fieles a Yahvé, y también fieles al pueblo. Levantaron un acta con sus decretos y leyes que les recordarán ese compromiso. Aquí es donde realmente nace el pueblo de Israel.

Preguntas:

1. ¿Qué cosas nuevas aprendimos de Josué que no sabíamos?
2. ¿Cómo se preparó y actuó Josué para organizar al pueblo?

Temas y Textos:

Ver de qué tratan los títulos para escoger uno o dos y profundizarlos.

- Josué se empieza a preparar en las luchas del desierto: Ex 17,8-15.
- Josué anima al pueblo a entrar a la tierra que ha descubierto:
- Núm 14,1-9.
- Moisés prepara a Josué para la sucesión del cargo: Dt 3,28 y Dt 34,9.
- Josué asume el mando e invita a conquistar la tierra prometida: Jos 1,1.
- Josué es un estratega militar: Jos 8,3-23.
- Josué hace una asamblea popular para distribuir la tierra: Jos 18,1-10.
- Josué hace otra asamblea para que la confederación de tribus forme el Pueblo de Dios: Jos 24,1-28.

Después de haber leído el texto escogido para profundizar, preguntarse:

3. ¿Qué cualidades descubrimos en Josué?
4. ¿Cómo vivió en este pasaje Josué su don de organizador?
5. Busquemos algunos héroes de nuestra historia, ya sea en el ámbito nacional como local que tengan algunas semejanzas con Josué.

Para el plenario: Presentaremos el rompecabezas con un resumen breve de nuestro héroe bíblico y los héroes actuales que hayamos encontrado. Debemos decir en qué o por qué se parece nuestro héroe actual a Josué.

DAVID: -Un rey que sabía querer y ser amado-

"Por eso Yahvé quiero alabarte entre los pueblos,
cantar tu nombre. Porque el Señor hace grandes
las victorias de su rey, y muestra, su amor a su ungido,
a David y su descendencia por siempre"(2Sam 22,50-51).

Significado del nombre: David-amado, hombre conforme al corazón de Dios.

Resumen de su vida:

Cuando estaba comenzando la monarquía y había problemas con los filisteos, aparece David, un jovencito valiente y de agradable presencia. Él era pastor de las ovejas de su padre en los alrededores de Belén. Del campo lo mandó llamar el profeta Samuel para ungirlo. Después pasó al servicio de la corte del rey Saúl donde trovaba salmos, cantaba y tocaba el arpa para aliviar el ánimo voluble del rey Saúl.

Los filisteos combaten contra los israelitas; uno de ellos, llamado Goliat, lanza un desafío.

David acepta el desafío de Goliat: "Tú vienes contra mí con espada, lanza y jabalina; pero yo voy contra ti en el nombre del Señor" (1Sam 17,45). Y vence, comienza a hacerse famoso. El rey Saúl le tiene envidia, y hasta atenta contra su vida.

David, ayudado por su gran amigo Jonatán, hijo del rey, tiene que huir. Él, con los marginados, forma una banda como de guerrilla. "Todo el que se encontraba en apuro, o con deudas, o desesperado, se unía a él, y fue el jefe de ellos" (1Sam 22,2).

Era muy astuto para escapar de la muerte. Y también muy noble para perdonar la vida al rey Saúl. Sin embargo, le siguen persiguiendo y él prefiere refugiarse entre los filisteos. Le hace un poco al loco y aparenta estar contra su propio pueblo. Sin embargo, los filisteos no confían en él. Supo también hacer alianza con algunos pueblos vecinos.

Cuando Saúl se mata y Jonatán muere en un combate, David siente hondamente su muerte y regresa a Judá. Más tarde es consagrado rey de Judá y pone su capital en Hebrón. Como quiere la unión de los dos reinos: el del Norte y el del Sur, la traslada a JERUSALÉN, ciudad que él había conquistado. Para allá lleva el Arca de la Alianza, signo de la presencia de Yahvé en medio de su pueblo. Él participa de la religiosidad y alegría popular y hasta danza junto con el pueblo.

David emprende varios combates y guerras para defenderse y para extender su reino.

David tiene muchos problemas de familia. La historia de la sucesión del reino, es una de las narraciones más antiguas y cuenta con realismo las debilidades de David, las intrigas familiares para alcanzar el poder. Ahí nos relatan el adulterio de David con la mujer de Urías, uno de sus soldados. Al no poder mantener oculta su falta, David la agrava mucho más al ordenar a sus jefes que abandonen a Urías en lo más recio del combate para que muera. El profeta Natán le reprocha su crimen. David se arrepiente.

De esa mujer nace Salomón. Otro hijo, Absalón se levanta contra su padre y aprovecha el malestar de las tribus del sur contra la monarquía para esta rebelión. Muere Absalón y David, a causa del dolor, no quiere volver a Jerusalén. Hubo otras revueltas contra David, quien fue ayudado por un grupo de hombres fieles y valientes.

David, al final de su vida, compone un salmo en que alaba a Yahvé porque lo ha sacado de tantos problemas. David designa a Salomón como su sucesor.

Preguntas:
1. ¿Cuáles son los hechos principales de la vida de David?
2. ¿Cuáles son las cualidades de la rica personalidad de David?

Temas y Textos:
Ver los títulos de los temas y luego escoger uno o dos textos para profundizarlos.
- Vocación y unción de David (1Sam 16,1-23).
- Combate de David contra el gigante Goliat: (1Sam 17,38-52).
- Amistad de David con Jonatán (1Sam 18,1-5; 19,1-3; 20,1-17).
- Algunos necesitados y marginados se unen a David (1Sam 22,1-2).
- David perdona la vida a Saúl (1Sam 24,1-23).
- David entre los filisteos (1Sam 27,1-12).
- Consagración de David, rey de Judá e Israel (2Sam 5,1-11).
- Pecado de David (2Sam 11,1-6).
- Dolor por la muerte de su hijo Absalón (2Sam 19,1-13).
- Uno de los Salmos de David (2Sam 22).

Después de haber leído el texto escogido para profundizar, preguntarse:
3. ¿Qué cualidades encontramos en este pasaje en la personalidad de David?
4. ¿Cómo vivió el amor a su pueblo, a su reino el rey David?
5. Busquemos algunos héroes de nuestra historia, ya sea en el ámbito nacional como local que tengan alguna semejanza con David.

Para el plenario: Presentar el rompecabezas con un resumen breve de nuestro héroe bíblico y los héroes actuales que hayamos encontrado. Debemos decir en qué o por qué se parece nuestro héroe actual a David.

Plenario: Rompecabezas de los héroes

Hemos paseado por estas calles del barrio de los historiadores y ahora nos reunimos en esta como glorieta a los héroes del Antiguo Poblado. Cada grupo pasa a presentar sus héroes. Debemos recuperar nuestra historia; descubrir héroes de nuestro tiempo.

Preguntas:

Y nosotros ¿cómo podremos completar ese rompecabezas en la vida y qué piezas y luchas tenemos que hacer para seguir sus pasos?

Oración:

Terminamos con una oración comunitaria pidiendo todos juntos que nos asemejemos a estos 4 héroes de Israel. Quienes coordinan el curso pueden dirigir esta oración haciendo un breve resumen.

CUATRO PROFETAS DEL PUEBLO DE DIOS

En el camino de Israel, a todo lo largo de su historia, Dios llamó, levantó y a veces casi arrancó hombres de en medio del pueblo y los envió, los metió y casi los impuso también dentro de su pueblo, para que hablaran en su nombre y anunciaran su mensaje. Los Profetas son porta-voces de Dios.

Los Profetas eran hombres que conocían la situación del país y también el plan o Proyecto de Dios. Con la luz de la razón y de la fe interpretaban el momento presente con miras hacia el futuro. Con el testimonio de su propia vida, por su palabra y con gestos y señales buscaban alertar la conciencia del pueblo, provocar la conversión del corazón y el cambio social para que el Pueblo de Dios perseverara fiel en el Camino del Señor. Los Profetas son un puente entre Dios y los hombres, entre el pueblo y Dios. Leen e interpretan "Los signos de los tiempos", es decir los grandes clamores de la humanidad en la historia.

Dinámica del profeta puente entre Dios y el pueblo

Una persona, cubierta con una sábana (la nube de la gloria) representa a Dios, otra persona con un jarro agrietado o despostillado representa al profeta y un grupo de doce personas, incluidos al profeta, representa al pueblo. El coordinador del curso ensaya con los primeros personajes para hacer un sencillo teatro bíblico. Leen Jr 18,1-5 y 19,10-11: Dios manda a Jeremías a ver cómo el alfarero desbarata los jarros que salen mal para rehacerlos de nuevo... Así Dios, al ver las maldades del pueblo, va a permitir una prueba, el destierro, para que se conviertan y formar de nuevo a su pueblo. Dios le pide denunciar y anunciar, con un gesto profético, simbólico que hablan, se entienden y recuerdan mejor que las simples palabras.

La persona con la sábana se pone de pie sobre una silla y el profeta abajo, como un puente entre Dios y el pueblo. El profeta conoce la situación del pueblo y el Proyecto de Dios, al pueblo le habla de Dios y a Dios del pueblo. 'Dios' le toma la mano al 'profeta' y este con su jarro toca al 'pueblo' y con voz fuerte dice al pueblo: "El Señor me mandó a casa del alfarero y ahí vi que cuando un jarro no le salía bien lo desbarataba, lo rompía para poderlo hacer bien". Y con fuerza arroja el jarro al suelo para quebrarlo. Y continúa su palabra profética: "Por sus maldades, injusticias Dios les va a quebrar en el destierro, pero luego les volverá a reunir y traer a su tierra".
¿Qué le entendemos a esta dinámica?
¿Por qué los Profetas son como puentes?
¿Qué es un gesto profético?

Los Profetas cuidan los derechos de Dios y de los hombres, cuidan la justicia aquí en la tierra. Por eso el profetismo de Israel fue más intenso y vigoroso en la época de los Reyes cuando la concentración de poder y de riquezas destruían el proyecto de Dios y manchaban de opresión y de injusticia a la tierra prometida: Tierra de Dios y tierra del pueblo. El profetismo en Israel se debilitó mucho en la época de la restauración, cuando ya el país vivía como extranjero en su propia tierra, pues los que dominaban eran potencias extranjeras. El movimiento profético está en relación a movimientos sociales, y es núcleo de Teología de Israel: Resto de Israel Ungido: Rey-Siervo.

Dios, hoy sigue llamando y enviado profetas al mundo y a Latinoamérica. Son hombres y mujeres, grupos y movimientos sociales que denuncian y anuncian, muchas veces con gestos proféticos: marchas, plantones, huelgas de hambre, caceroleos... Es necesario discernir para descubrir y distinguir entre falsos y verdaderos profetas. Por eso vamos a hacer la dinámica de 'las cortinas del tiempo' donde partiremos de la realidad para ir a la Biblia y luego volver a la realidad. En la dinámica del 'rompecabezas de los héroes de Israel partimos de la Biblia para ir a la realidad. Lo importante es unir la vida y la Biblia, los dos libros a través de los cuales nos habla Dios y escuchamos su Palabra.

Dinámica: Las cortinas del tiempo

Material:
* Un lazo y dos cortinas o sábanas.
* Un mapa de América Latina.
* Tres mapas separados (México - América Central - América del Sur).
* Boletos para hacer 3 grupos.
* Boletos para hacer 4 grupos.

Objetivo:
    Estudiar el profetismo de Israel a partir del profetismo que se está dando en nuestros países latinoamericanos: México, América Central y América del Sur. Queremos aprovechar la experiencia de cuatro profetas de Israel para iluminar y fortalecer la acción profética en nuestros pueblos de América Latina. Queremos comprender que al abrir el libro de la Biblia, como cuando abrimos las cortinas del tiempo, es un ir al pasado, a la historia de Israel, pero desde nuestra realidad, y llevando esa realidad presente. Le damos importancia a los mapas porque queremos que conozcan más los países y realidad de América Latina.

Desarrollo de la dinámica:
Se hacen en tres tiempos

- En el primer tiempo se ven los signos y acciones proféticos en tres regiones de América Latina: México (o país donde se da el curso) América Central y América del Sur. (Conviene dar elementos, narrar experiencias proféticas y gestos proféticos pues en general se desconocen mucho).
- En el segundo tiempo se estudian cuatro profetas de Israel: Amós, Jeremías, Segundo Isaías, Joel. Preparar algún signo para representarlo.
- En el tercer tiempo se hace la dinámica del plenario: las cortinas del tiempo para buscar el diálogo-relaciones y complementación entre el profetismo de Israel y el profetismo hoy. Se trata de que desde nuestra realidad presente pasemos las cortinas del tiempo para llegar al pasado, y luego volvamos al presente y volviendo a pasar las cortinas del tiempo nos lancemos al futuro.

Formación y funcionamiento de los grupos de trabajo:
Visitar a los grupos para aclarar dudas y ubicar el paso que se está haciendo, y el siguiente.

Primer Tiempo:
Se dividirán los participantes del curso en tres grupos iguales (conviene que los que conozcan mejor una región vayan a ese grupo, para aportar mejor información. Cada grupo estudiará el profetismo actual de una región).

Se recomienda poner en el centro de cada grupo el libro de la vida y sobre él, el mapa correspondiente a la región estudiada.
- Grupo: México (1) (o país local)
- Grupo: América Central (2)
- Grupo: América del Sur (3)

Cada grupo tratará de responder las preguntas y poner atención a las respuestas y comentarios:

Preguntas:
1. Ahora, en esta región ¿cuáles son las principales denuncias proféticas que se están haciendo?
2. Ahora, en esta región ¿cuáles son los principales anuncios o salidas y caminos que se están abriendo para el pueblo y quién los hace?
3. ¿Con qué palabras, signos o gestos se está haciendo el profetismo hoy? (Usar mapa)

REPUBLICA MEXICANA

GRUPO: México (1)

Preguntas pág. 71

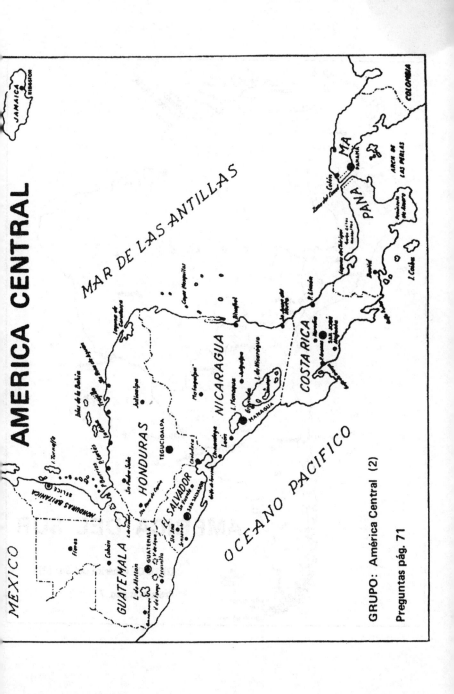

AMERICA CENTRAL

MEXICO

JAMAICA
KINGSTON

MAR DE LAS ANTILLAS

HONDURAS BRITANICA
BELICE

GUATEMALA
Flores
Cobán
GUATEMALA
L. de Atitlán

EL SALVADOR
SAN SALVADOR

HONDURAS
TEGUCIGALPA
Islas de la Bahía

NICARAGUA
Matagalpa
MANAGUA
León
L. Managua
L. de Nicaragua

COSTA RICA
SAN JOSE

MA
PANAMÁ
PANA
COLOMBIA
ARCH. DE
LAS PERLAS

OCEANO PACIFICO

GRUPO: América Central (2)

Preguntas pág. 71

AMERICA DEL SUR

GRUPO: América del Sur (3)

Preguntas pág. 71

Segundo Tiempo:

Al terminar de responder las preguntas, las personas de cada grupo regional se convertirán en delegados para formar cuatro grupos-profeta. En cada grupo se entregarán boletos del 1 al 4. Los números 1 pasarán a formar parte del grupo-profeta AMÓS. Los números 2 formarán el grupo-profeta JEREMÍAS. Los números 3 serán el grupo-profeta ISAÍAS SEGUNDO. Y todos los números 4 integrarán al grupo-profeta JOEL.

En el segundo tiempo los cuatro grupos-profeta estudiarán en particular al profeta que les tocó, ya que en cada grupo-profeta hay delegados de regiones, y han de comunicar lo que vieron en su grupo: Los principales signos y acciones proféticas encontrados, y en síntesis, la situación del profetismo en México, América Central y América del Sur en nuestros días.

Enseguida estudian al profeta que les corresponde. Para este tema nos podemos ayudar con lo que sabemos de la etapa del camino de Israel en que vivió el profeta, con el resumen esquemático y textos que se proponen en el tema de cada profeta.

Tener en cuenta las preguntas que les harán los entrevistadores para responder ayudados de la explicación que viene en el esquema, resumen y citas propuestas al estudiar cada uno de los profetas. Distribuir la participación, una o dos preguntas cada miembro del grupo.

Al terminar el tema cada grupo nombrará a dos entrevistadores quienes en el plenario entrevistarán a cada uno de los otros tres grupos-profeta con las preguntas que vienen en el tercer tiempo (un entrevistador hace las preguntas pares y otro las impares).

Tercer Tiempo:

Plenario de las cortinas del tiempo

Los cuatro grupos-profeta se reúnen y pasan en orden histórico:
Primero Amós, luego Jeremías, después Isaías Segundo y al final Joel.

El grupo-profeta queda detrás de las cortinas del tiempo. Los entrevistadores nombrados pueden llevar un mapa de México o de América Latina (o bien dejarlo cerca y en el suelo) abren las cortinas del tiempo y entran al pasado para entrevistar al grupo-profeta. El encuentro-diálogo se hace con preguntas sencillas y espontáneas entre los tres. Aquí ponemos un guión de ayuda: todo el grupo-profeta representa al profeta que le tocó y entre todos van a responder afirmando: Yo Amós, viví etc.... o Yo Jeremías anuncié...

Preguntas de los entrevistadores:
(Preparar respuestas en grupo de estudio y responder sencilla y claramente en el plenario)

    0. ¿Cómo se llama usted?..
      - Responden todos.
    1. ¿Dónde y en qué etapa del Camino de Israel vivió?..
      - Respuesta...
    2. ¿Cuáles eran los principales problemas de su tiempo?..
      - Respuesta...

3. ¿Cuáles fueron las denuncias principales que hizo?..
   - Respuesta...
4. ¿Cuáles son los anuncios de esperanza y consuelo que dio al pueblo?...
   - Respuestas...
5. ¿Qué palabras dijo o qué señales o gestos simbólicos hizo?... ¿Por qué?...
   -Respuestas...
   Gestos proféticos como, el romper el jarro... Ver cuáles hizo el profeta que nos tocó y narrar esos gestos proféticos y representar uno en vivo.
6. ¿Cuáles fueron las consecuencias de su acción profética?..
   - Respuestas...

Y ahora señor profeta, lo invitamos a que venga a nuestro tiempo presente para que nos dé algo de luz y ánimo a nosotros y a nuestro pueblo.

Salen los entrevistadores con el mapa en la mano y el grupo-profeta se levanta y pasa también la cortina del tiempo hacia el hoy.

Continúa el diálogo:
7. Conforme a su manera de ser y actuar, ¿qué nos recomendaría hoy para continuar siendo profetas de Dios y del pueblo?
8. ¿Cuáles serían las injusticias que más deberíamos denunciar?
9. ¿Cuál sería el mensaje que podríamos dar al pueblo para que se avive su fe en Dios y su esperanza en el pueblo?

Nota:
No dar consejos vagos o generales, sino compenetrados en el profeta que representamos, hablar como el profeta lo haría HOY en nuestra situación.

Al terminar pasa otro grupo-profeta, hasta que pasen los cuatro Profetas.

AMÓS: -El profeta campesino-

"Yo no soy profeta, ni hijo de profeta,
sino un pastor y un cuidador de matas de higo. Pero el Señor
me tomó de detrás del rebaño y me dijo Yahvé:
Ve y profetiza a mi pueblo Israel." (Am 7,14-15).

Situación del país:

Por los años 783 a.C. a 743 a.C., el Reino del Norte, Israel, estaba en un aparente apogeo y progreso. Había un pequeño grupo enriquecido por la explotación en el trabajo, en la tierra y en el comercio que contrastaba con una multitud empobrecida y despojada. Los poderosos de Samaria, acomodados en casas lujosas y ostentosas, se daban una vida de gran placer y se olvidaban de los problemas del país. Procuraban justificar su posición con cultos externos y vacíos. Sin embargo, el país estaba debilitado por la injusticia y la miseria y además, amenazado por el imperio Asirio, que codiciaba sus tierras. (Como sabemos, pocos años después, en 721 a.C. cayó Samaria).

Vocación y acción del profeta:

Era originario de Tecos, región desértica de Judá, cercana a la frontera con el Reino del Norte. De ahí salió Amós y entró a Israel. Se presentó como muchas veces lo hacen nuestros campesinos: "Yo no sé hablar, no tengo estudios ni letras..." Pero cuando su palabra rompe la barrera del silencio y vence el miedo que le cerraba la boca, habla con palabras sinceras, y con ejemplos, comparaciones y símbolos... También sus ojos son campesinos y descubre los grandes contrastes entre la vida del campo y la vida de la ciudad: vida holgada y comercio explotador. Encuentra el santuario lleno de gente y de celebraciones, pero vacíos de justicia.

La palabra de Amós no gusta, principalmente a los representantes del poder. El sacerdote de Betel avisa y mal informa al rey de lo que está pasando. Intenta acallar al profeta y luego echarlo del país. Amós se defiende con la seguridad que le da su fe en el Dios de la justicia y con la preocupación de que no se pierda la tierra que ama su corazón campesino y que quiere que esté en manos de sus hermanos campesinos. Fue expulsado del país. Más tarde logró volver a su tierra.

Denuncias:

Amós grita, denuncia: "Escuchen esto los que pisotean al pobre y quieren arruinar a los humildes de la tierra..."

El Profeta, al hacer sus juicios y lanzar sus amenazas, da los motivos, o sea, hace las denuncias por las cuales serán castigados y corregidos.

Amós hace denuncias contra las naciones y pueblos vecinos, pero sobre todo contra su mismo pueblo: Judá y especialmente a Israel. Hace dos tipos de denuncia: sociales y religiosas.

● **Denuncias Sociales:** Contra las casas lujosas y ostentosas, fruto de la opresión a los pobres y débiles. Y esto por no cumplir con la justicia en el trabajo, en el comercio. Engañan y roban en las balanzas fraudulentas, en los precios y salarios, también en los juicios...

● **Denuncias Religiosas:** Contra un culto exterior que quiere encubrir toda esa injusticia con sacrificios, ofrendas y cantos que así no son gratos a Dios.

Anuncio esperanzador:

Amós introduce en su pueblo la esperanza en un resto de Israel. Este es un grupo que será fermento de un futuro mejor, y será instrumento para poseer y trabajar el suelo, la tierra que Dios les dio.

Amós propone 5 visiones donde comunica sus experiencias e interpretaciones y por las cuales quiere explicar su pensamiento y su mensaje.

Visiones y acciones simbólicas:

Primera visión, **las langostas** y

Segunda visión, **la sequía** (fuego en el pasto). Son calamidades frecuentes en el país. Amós las interpreta como medios que tiene Dios para que el pueblo se arrepienta (Am 7,1-6).

Tercera visión, **la plomada** y

Cuarta visión, **la cesta madura**, son ejemplos para mostrar que Dios se tiene que mostrar rígido y más inflexible ante la dureza del pueblo (Am 7,7 y Am 8,1-3).

Quinta visión, **la caída del santuario** es más de tipo profecía, en el sentido de que el Profeta analiza la situación y prevé lo que va a pasar (Am 9,1-4).

Presentar con gesto visible alguna visión.

Textos sugeridos:

Ver los títulos y escoger un texto o dos.

● Vocación y persecución del profeta Amós: Am 7,10-17.

● Denuncias sociales: Am 3,13-4,3; 5,7-13 o bien 5,10-13; 6,1-7.

● Denuncias religiosas: Am 4,4 y 5.

● Anuncios de esperanza: Am 3,12; 5,14-15; y 9,8b-15.

● Los textos de las visiones ya están dados.

JEREMÍAS: -El profeta sufriente-

"Yo decía: 'no volveré a recordarlo, ni hablaré más en su nombre', pero había en mí algo así como su fuego ardiente..." (Jer 20,9).

Situación del país:

La época de Jeremías, del 627 al 587 a.C. es un momento trágico para Judá. Babilonia surge como una gran potencia y va dominando a los asirios, quienes años atrás habían invadido el Reino del Norte: Israel. Egipto teme la amenaza babilónica y procura utilizar a Judá como un tapón que ayude a cerrar ese famoso y codiciado corredor de paso que es Palestina. Lo que queda de la tierra prometida está en peligro en medio de un torbellino político. Cuando la tierra está en peligro aparece la voz profética con dimensión política y sentido Teológico.

Jeremías va analizando la situación y se opone fuertemente a que se hagan alianzas con Egipto y a que se enfrenten directamente con Babilonia. Pero los reyes de Judá, sacerdotes, jefes y hasta el mismo pueblo no aceptan a Jeremías, lo rechazan y persiguen.

Jeremías verá, llorará y lamentará la caída de Jerusalén en el año 587 a.C.

Vocación y vida del profeta:

Jeremías es llamado cuando es muy joven y el Señor le hace comprender que la vocación comienza desde el seno materno. Él nació en Anetot, pueblito cercano a Jerusalén, a donde habían desterrado a su padre, que era sacerdote, para marginarlo de la actividad del Templo y de Jerusalén.

Dios llama a Jeremías con la misión de arrancar y plantar, de destruir y construir. Es una misión difícil, pero Dios estará con él siempre.

Jeremías confiesa con mucha sinceridad sus crisis internas, sus dificultades, para cumplir y perseverar en la vocación. En gran parte estas crisis están agravadas por la persecución, torturas y cárcel que sufre.

Cuando cae Jerusalén, él aún se queda para ayudar a los pobres sobrevivientes, pero al poco tiempo lo expulsan y lo mandan a donde menos quería ir: a Egipto. Ahí murió.

Denuncias:

El Profeta al prever la invasión de Babilonia y la destrucción de Judá, denuncia los principales motivos: idolatrías, injusticias, falso culto, falsos pastores y falsos Profetas.

El Profeta les recuerda el gran cariño que les tuvo Dios quien los sacó de la esclavitud de Egipto. Les exige que no vayan a aliarse con Egipto.

● **Denuncias religiosas:** Condena fuertemente a quienes no ponen su confianza en el único Dios por apoyarse sólo en falsos cimientos: el templo, el culto; pertenecen a la raza o linaje de Israel, la ley es manipulada. Condena obviamente la idolatría y el rendirle culto a los dioses extraños, a ídolos hechos por mano de hombre, y así se olvidan, se alejan del Dios libertador, el Dios de la Alianza eterna. Sólo en Él hay que confiar.

● **Denuncias Sociales:** Hace ver que no se practica la justicia y en cambio se oprime a los débiles. Los malhechores a punta de fraudes se enriquecen y engrandecen. También condena la mentira y el engaño.

Anuncio esperanzador:

A pesar de tantas desgracias y problemas Jeremías tiene motivos de esperanza y procura consolar a su pueblo. Recuerda el amor eterno de Dios que sacó a su pueblo de Egipto y quien ha cuidado de su viña con amor, que ama a Israel como un padre ama a su hijo. Confía en el resto de Israel que resistirá y sobrevivirá y así será la base del tronco de donde brotará el germen, el retoño mesiánico. Se podrá hacer una alianza nueva y eterna, escrita no en piedra o papel donde se pueda borrar, sino grabada en el corazón donde todos podrán leer con su conciencia.

Su esperanza mesiánica, en parte, está condicionada a que puedan regresar a la TIERRA que Dios les ha dado y a practicar la justicia.

Visiones y acciones simbólicas:

(Jeremías presenta muchas; veremos algunas)

- **Un caldero** hirviendo que se vacía de Norte a Sur. Es la imagen de la invasión de Babilonia sobre Judá (Jer 1,13-16).
- **Parábola** de las dos hermanas que se prostituyen. Son Israel y Judá idólatras (Jer 3,611).
- **Yugo** sobre el cuello: Es mejor someterse a Babilonia y no morir, ser desterrados que enfrentarse a una derrota segura (Jer 27,1-15).
- **Viña** de Yahvé: Es símbolo de la tierra y del pueblo que Dios ha cultivado con tanto cariño, pero por la dureza y rebeldía no ha dado frutos (Jer 8,13-16).
- **Compra** del terreno en su tierra para dar a entender que no hay que perder la esperanza y que regresarán de nuevo a la tierra (Jer 32,7-15 y 32,36-44).

Presentar en vivo alguno de estos gestos proféticos.

Textos sugeridos:
Leer títulos de temas y escoger un texto o dos.
- Vocación y misión de Jeremías (Jer 1,1-18).
- Denuncias sociales (Jer 5,26-31; 9,1-5; 7,1-9).
- Denuncias religiosas (Jer 7,10-15; 7,21-28; 8,1-3; 8,8-9; 11,15-16).
- Anuncio esperanzador (Jer 23,1-8; 30,1-11; 31,1-15 y 31,31-34).
  Los textos de las visiones ya están dados.

SEGUNDO ISAÍAS: -El profeta consolador-

"Consuelen a mi pueblo, consuelen, nos dice Dios,
háblenle al corazón y díganle bien fuerte que su jornada
ha terminado, y que ha sido pagada su culpa" (Is 40,1-2).

Nota aclaratoria:
La mayoría de los Biblistas, después de muchos años de estudio han concluido que el libro del Profeta Isaías fue escrito por tres profetas distintos que vivieron en épocas y siglos diferentes.

Isaías primero: Caps. 1 al 38. Reino de Judá por los años 740 a.C.
Isaías segundo: Caps. 40-55. En el destierro por los años 540 a.C.
Isaías tercero: Caps. 56 al 66. En la restauración después del
destierro.

Nosotros vamos a estudiar el libro del Segundo Isaías. Pero por lo dicho anteriormente, no tenemos los datos sobre la vocación y vida del Profeta.

Situación del pueblo:

Estamos al final de la etapa del destierro 587-539 a.C. El pueblo ha sufrido mucho lejos de su tierra. Les han destruido todas sus seguridades materiales: La ciudad de Jerusalén, el Templo, las tierras, y además les han resquebrajado su estabilidad y su libertad. Muchos han abandonado su fe... Pero queda el pequeño resto de Israel, aquel pueblo pobre y humilde. El Segundo Isaías vive junto a ellos, sufre con ellos, les anima y consuela; está atento a los acontecimientos y las campañas del persa Ciro le avivan la esperanza, pero más que todo, su esperanza está en Dios.

Denuncias:

La situación del pueblo es diferente y por lo tanto las denuncias son diferentes. Apenas si denuncia algo contra Babilonia y no hace denuncias sociales. Más bien su denuncia es contra aquellos que ante la prueba tremenda del destierro no han resistido y han buscado refugio en la idolatría, en los dioses frágiles de madera que están hechos con manos humanas. Quizá los han buscado por decepción o por algún interés, pero el Profeta se burla de su tontería, los pone en ridículo.

Anuncio esperanzador:

Este libro es llamado el libro de la consolación por Dios, el Profeta, el servidor, da un mensaje de esperanza, una buena noticia. Es la primera vez que se usa en la Biblia la palabra Evangelio. Este libro es como un gran abrazo de Dios. En el comienzo y conclusión de este libro de la consolación, Dios aprieta en un amoroso abrazo al Profeta.

116

El Segundo Isaías muestra que la Creación y la Historia son instrumentos en manos de Dios. En este sentido Ciro, el pueblo y el Profeta, son siervos de Dios; pero los cánticos se refieren más al pueblo pobre y sufrido, al humilde resto de Israel: Este siervo de Yahvé será figura de Cristo.

Visiones y acciones simbólicas:

Más que presentarnos una visión o acción simbólica, el Profeta nos presenta una figura simbólica: El siervo sufriente de Yahvé. Los cuatro cánticos son como un vibrar anhelante de la Palabra de Dios que tocan y sacuden el corazón del pueblo. Isaías Segundo ve en Jeremías el ideal del siervo sufriente y lo presenta como modelo al pueblo que también sufre.

Primer cántico: (Is 42,1-9) Dios llama y nos presenta a su siervo: el pueblo pobre y sufriente.
Segundo cántico: (Is 49,1-6) El siervo-pueblo toma conciencia de su misión y la acepta.
Tercer cántico: (Is 50,4-9) El pueblo-servidor aguanta, lucha, resiste.
Cuarto cántico: (Is 52,13-53-53,12) El pueblo, siervo de Dios padece y, caído es levantado y liberado.

Presenciar en vivo alguno de esos gestos proféticos.

Textos sugeridos:
Leer los títulos de los temas y escoger un texto o dos.

● Esperan un nuevo Éxodo (Is 41,17-20).
● El Profeta de la Buena Noticia (Is 41,25-29).
● Denuncias a los ídolos (Is 40,19-20; 41,6-7; 45,20; 46,1-13).
● Denuncia a Babilonia (Is 49,1-17).
● Anuncio esperanzador. El abrazo de Dios (Is 40,1-11 y 53,1-13).
● Textos del Siervo de Yahvé (Ya están dados).

JOEL: -Un profeta soñador-

*"No teman suelo-tierra, no teman animales del campo, porque
ya reverdecen los pastizales del desierto y los árboles
producen fruto... comerán hasta llenar... Sucederá después
de todo esto que yo derramaré mi ESPIRÍTU en toda carne"*
(Joel 2,21.22.26 y 3,1).

Situación del pueblo:

Es difícil precisar el tiempo en que vivió. Aproximadamente
por el año 400 a.C. El pueblo judío ya tiene bastante tiempo que
regresó del destierro. Han trabajado en la restauración del país:
tienen un templo nuevo pero más modesto, se ha reconstruido
Jerusalén y tienen una nueva muralla. Sin embargo, siguen bajo
la dominación de los persas, hay divisiones internas y muchos
judíos ya han quedado dispersos en otros países. Por eso se
empieza a configurar el JUDAÍSMO como religión que va más
allá de las fronteras territoriales, pues ni siquiera la tierra es de
ellos, y no está liberada. Buscan reencontrarse como pueblo en
la ley, en la circuncisión, en el sábado, en la liturgia.

Esta situación de la tierra se agrava por una sequía fuerte y
por unas plagas que mueven al Profeta Joel a hacer más que
una acción propiamente profética, una acción litúrgica para
implorar la ayuda de Dios y lo mueven a esperar, soñar en el
futuro.

Vocación y vida del profeta:

Casi nada sabemos en concreto de este profeta hijo de
Petuel. Se puede deducir por lo que escribe que estaba cercano
al Templo y que era probablemente sacerdote. Joel está alar-
mado, junto con todos: labradores, liturgos, inclusive viciosos!
y también los animales y el suelo porque la sequía tiene a la tierra como muerta. Por eso hacen duelo. No hay vino ni para
hacer las ofrendas, ni tampoco para los borrachos pues las vides
se han secado. Joel invita a hacer una liturgia penitencial con
oraciones y ayunos. La fe que el profeta tiene le hace esperar
tiempos mejores.

Denuncias:
La situación de calamidad en que viven todos apaga las denuncias. Sí hace denuncias, pero a pueblos lejanos y de tiempos pasados. La profecía en el post-exilio se está agotando. Se retornan algunos pensamientos de profetas pasados. Cuando la falta de tierra propia apaga la esperanza, también se ahoga la libertad de palabra.

Anuncio esperanzador:
A pesar de ser tan corto este libro, es abundante en su mensaje de esperanza. Es una esperanza que primero espera en la abundancia de los bienes de la tierra: leche vino, granos, frutos, pastos, agua, que llevan luego a pensar en la efusión del Espíritu que volverá a permitir el apagado espíritu de profecía, y reunirá y valorizará a todos los miembros del pueblo: hombres, mujeres, ancianos, jóvenes, siervos y liberados.

Visiones y acciones simbólicas:
Joel únicamente tiene una visión, la del Día de Yahvé en que se estremecerán los astros como señal de juicio. Y su acción será una liturgia.

Presenciar en vivo algún gesto profético.

Textos sugeridos:
Leer los títulos de los temas y escoger un texto o dos.
● Dato biográfico (Jl 1,1).
● Tierra desolada y arruinada (Jl 1,2-12; 1,16-20 y 2,12-17).
● Invitación a penitencia (Jl 1,13-15).
● Esperanza en la respuesta de Dios (Jl 2,18; 3,5 y Jl 4,9-21).

Plenario: Las Cortinas del Tiempo

Ya está explicada la dinámica: Los entrevistadores salen desde la realidad, aquí y ahora, abren y pasan las cortinas del tiempo y dialogan con el grupo-profeta sobre el pasado; todos pueden ir respondiendo; ser breves. Todos pasan las cortinas del tiempo para regresar al día de hoy, a nuestra realidad latinoamericana   para encontrar luz y fuerza en nuestra acción profética.

Conviene procurar la participación espontánea. Pueden ayudarse de lo estudiado, de lo que viene en el curso de Biblia y sobre todo, de la experiencia de nuestra fe y compromiso para ir uniendo el tiempo de antes de los profetas con nuestro tiempo de hoy. Los que dan el curso pueden completar.

Las situaciones en que viven estos cuatro profetas son muy distintas; también la personalidad de cada uno de ellos, y por lo tanto, sus acciones y palabras... Pero hay mucho en común. ¿Qué encontramos en común? Hablan de parte del mismo Dios y hablan de parte del mismo pueblo... Y esto sigue siendo verdad ahora. Dios no se ha quedado mudo; prestémosle nuestra palabra a su PALABRA.

Oración - Conclusión:
Podemos terminar con una breve oración comunitaria dirigida por quien da el curso.
Resumir y pedir lo que necesitamos para ser Profetas hoy.

CUATRO MUESTRAS DE SABIDURÍA POPULAR

"Proverbios (dichos populares)... para enseñar a los sencillos
la prudencia, a los jóvenes ciencia y reflexión,
para descifrar refranes y enigmas, los dichos de los
sabios y sus adivinanzas..." (Prov 1,1-16).

Explicación general de las cuatro muestras

Cuando oímos la palabra SABIOS, pensamos en nuestros sabios-científicos y nos apantallamos. Pero precisamente los sabios de Israel son los escritores del Antiguo Testamento a quienes el pueblo sencillo puede entender mejor y por eso a veces les gusta tanto. Es una sabiduría popular nacida de la experiencia, de la vida diaria: familia, trabajo, dinero, costumbres. Problemas que plantea la vida: el sufrimiento, la muerte, el mal. Y esto fue cuajando paso a paso en un lenguaje popular: refranes, dichos, comparaciones con animales y otros ejemplos. Pocas y cortas palabras, llenas de vida.

Los proverbios y refranes comenzaron a correr de boca en boca desde tiempos muy remotos. Probablemente cuando las tribus se organizaron en la tierra recién conquistada. Muchos de esos proverbios y dichos quedaron en el olvido y se perdieron pues así como ahora sucede, este lenguaje tan popular, casi no se escribe, se habla; es la voz del pueblo en la calle.

Sin embargo, en tiempos de la restauración de Israel después del exilio, cuando los historiadores han terminado sus grandes obras, y también los profetas, pues el profetismo se ha apagado, surge con mayor fuerza la sabiduría popular: Recuperan proverbios antiguos, hacen colecciones, se crean y se juntan nuevos proverbios y refranes.

Así se forman las cuatro muestras que vamos a estudiar: Proverbios, Eclesiastés, Eclesiástico, Sabiduría. Completan el barrio de los sabios: los Salmos que son himnos y cánticos, el Cantar de los Cantares que es un poema de amor y el libro de Job que es como una obra de teatro, donde los sabios retoman la figura ejemplar de Job, hombre justo y paciente para reflexionar y hacer discursos acerca del sufrimiento. También libros como Rut, Ester, Judit, Tobías, Jonás... Son libros de Sabiduría popular.

¿Quién construyó estas calles? En este barrio de los Sabios, es más difícil encontrar el nombre de los ingenieros, pues fue el pueblo que lo fue haciendo a lo largo de muchos años... Hubo recopiladores de ese material, que lo completaron y hasta le pusieron nombre de algún personaje famoso: Salmos de David, sabiduría de Salomón, para darle más categoría, pues les parecía poco reconocer que era sabiduría del Pueblo, que en verdad es sabiduría de Dios: "*Voz del pueblo, voz de Dios*".

Los sabios buscan la vida y encuentran en los seres humanos: ansia de vivir, necesidad de morir. Es voz del pueblo que se hace Palabra de Dios desde dentro y desde abajo... Pero es iluminada desde fuera por la Palabra Profética Reveladora... Ahí en la vida se encuentra a Dios, aunque no se explicite.

Vamos a formar 4 grupos para estudiar estas "*Cuatro Muestras de Sabiduría Popular*", y en vez de una dinámica como las que hemos hecho a lo largo del curso, vamos ahora a estudiar la Sabiduría popular tratando de usar el mismo lenguaje: refranes... dichos... y así nuestra dinámica será:

El concurso de Refranes. "*Pa' los toros de Jaral, los caballos de allá mesmo*".
Antes de esto, vamos a hacer una descripción de estas cuatro calles que nos ayude a entender y apreciar lo que cada una tiene.

1) **Los Proverbios:** Las dificultades de la restauración del pueblo sobre todo la dominación extranjera que no tiene fin, van matando un ideal fundamental: Hacer la justicia. Y es que se van cerrando todas las salidas socio-políticas y por eso las personas que conservan ideales nobles, deseos de fidelidad, sólo encuentran posibilidades en el ámbito personal y moral, y buscan hacerse justos. Así se desarrolla una moral que busca el premio por el buen comportamiento de los buenos y el castigo del mal comportamiento de los malos. Y esto aquí en esta vida, por medio de obras de piedad y misericordia. Esto nos ayudará a entender algunos proverbios que de pronto nos parecen extraños, negativos. Hay que considerar que muchos proverbios nacieron en un ambiente donde había organización popular: Cuando en los comienzos se vivía el proyecto de Dios en una sociedad igualitaria, puede ser cierto que el pobre lo fuera por perezoso, pero no así en una sociedad de injusticia y opresión donde el pobre es más bien un empobrecido.

2) **Eclesiastés:** La experiencia de la vida, que es de donde sale la sabiduría popular es muy diferente y contraria. Hay muchos buenos a quienes les va mal y sufren y hay muchos malos a quienes les va bien. ¿Cómo puede ser eso? Ante este problema, Eclesiastés aparece como una corriente de transición, porque no acaba de dar una solución satisfactoria. Se está frente a una encrucijada. Ante los problemas y muchas filosofías y maneras de pensar no se puede tener el optimismo ingenuo de los Proverbios. La realidad y experiencia desmienten esa doctrina del 'premio al bueno' y le contradicen. El recopilador y los autores del Eclesiastés, caen en un escepticismo, un pesimismo y un sin sentido de la vida. Al fin y al cabo, todos vamos a morir, todo es lo mismo y todo acabará en lo mismo. ¿Qué más da portarse bien o mal? Sin embargo, queda la duda y la tradición de su pueblo. Y concluye: Todo es un misterio, pero estamos en las manos de Dios. El Eclesiastés se conforma con pasarla aquí en la vida lo mejor que buenamente se pueda.

3) **El Eclesiástico:** Jesús -Ben Sirá-, el llamado Sirácide por los estudiosos de la Biblia, es el autor de este libro. Fue escrito el año 190 a.C. Y su nieto lo tradujo años después. El libro tiene dos partes: La primera del capítulo 1 al 42, que está más en la línea de los sabios y del 42 al final del capítulo 51 que es un resumen de la obra de Dios en la historia de Israel. Sigue planteando y queriendo resolver los problemas de la vida cotidiana, y por eso trata muchísimos temas. Pero continúa con las mismas incertidumbres y dudas, sobre todo respecto a la vida después de la muerte, y por lo tanto también, el problema del premio y del castigo, del destino de la vida humana.

4) **La Sabiduría:** Es el último libro que se escribió del Antiguo Testamento, poco más de 50 años antes de Cristo. Por eso recoge la experiencia de todo un largo caminar, por ejemplo: le favoreció para descubrir la necesidad de otra vida más allá de la muerte para poder encontrar sentido al martirio, a los

sufrimientos. Así se da un paso más en la búsqueda de explicaciones que plantean los problemas de la vida: dolor, sufrimientos, maldad, muerte... El libro de la Sabiduría tiene tres partes:

a) Sabiduría y destino humano
b) Sabiduría: ¿qué cosa es y de dónde viene?
c) Sabiduría e Historia de Salvación

Dios creó para la VIDA. Los hombres pueden tomar uno de los dos caminos: el de los impíos, que buscan el placer como un Dios, aunque para lograrlo tengan que explotar a los débiles. Y el de los justos y sabios que en medio de dificultades y persecuciones encuentran sentido a la vida y a la muerte en la eternidad de Dios. También en la historia los pueblos toman uno de los dos caminos. El autor presenta a Egipto que tomó el camino de las tinieblas y a Israel que tomó el de la luz y la vida.

Grupos de trabajo

Material:
* Boletos para formar cuatro grupos: Proverbios, Eclesiastés, Eclesiástico y Sabiduría.
* Cuatro plumones.
* Cuatro cartulinas o papeles para refranes.

Pasos:
- Cada uno de los participantes del grupo aporta un refrán distinto. En la Biblia escogen una serie-familia de dichos y leen todo el texto señalado.
- Luego escogen el refrán que más les guste lo escriben en cartulina, le sacan el mensaje y le buscan dos parientes o parecidos entre nuestros refranes de ahora. Estos dos refranes también los escribirán en la cartulina.
- En el plenario tendremos el "Concurso de refranes populares", para comunicar los dichos que más nos gustaron, los Proverbios escogidos de la Biblia y los refranes de ahora que se les parecen.

PROVERBIOS

« Mejor es toparse con osa privada de sus cachorros que con tonto en su necedad»(Prov. 17,12).
* Mejor es andar solo, que mal acompañado.
« El que echa a perder a los buenos en el mal camino caerá en su propia trampa»(Prov. 28,10).
* El que al cielo escupe, a la cara le cae.
« Cuando se alzan los malos, todos se esconden, cuando perecen, aparecen los justos»(Prov. 28,28).
* Cuando veas la barba de tu vecino pelar, pon la tuya a remojar.

1. La experiencia del pueblo en dichos y refranes: Cada uno de los miembros del grupo aporta un dicho o refrán.

2. La Sabiduría del pueblo en el libro de los Proverbios: Se podría estudiar, casi cualquier capítulo.

Pero vamos a proponer tres, donde encontraremos tres series-familia de Proverbios:
Cap. 17. Serie: Mejor es... que...
Cap. 28. Serie: El que... tal...
Cap. 29. Serie: Cuando esto... aquello...

Escogeremos uno de los tres capítulos para leer los Proverbios. Escogemos un Proverbio. Escogemos dos refranes parientes que más nos gusten. Pondremos en la cartulina: el Proverbio de la Biblia y los dos refranes que hemos elegido.

3. Pensamos: ¿Qué experiencia de la vida ha producido este Proverbio?' ¿Cuál es el mensaje que nos quiere dar?

ECLESIASTÉS

"Vanidad de vanidades, todo vanidad.
¿Qué saca el hombre de todo su fatigoso
afán bajo el sol?" (Ecle 1,2-3).

Canción del Corrido de Guanajuato:
...ahí se apuesta la vida
y se respeta al que gana.
Por eso es que en este mundo
la vida no vale nada.
Comienza siempre llorando
y así llorando se acaba...

« Más vale el término de una cosa que su comienzo»(Ecle 7,8).
* Más vale pájaro en mano que cien volando.
« Si se embota el hierro y no se afilan sus caras hay que acrecentar los bríos» (Ecle 10,10).
* Si se acaba el pan hay que contentarse con tortillas.
« Echa tu pan al agua que al cabo de mucho tiempo lo encontrarás» (Ecle 11,1).
* Deja de estar ansiando que el tiempo endereza jorobados.

1. Experiencia del pueblo en dichos y refranes: Cada uno de los miembros del grupo aporta un dicho o refrán.
2. La Sabiduría del pueblo en el libro del Eclesiastés: Se podría estudiar el tema del pesimismo en la vida, y buscarle sus 'parientes' o parecidos en dichos, canciones o refranes.

Vamos a proponer tres textos donde encontramos tres serie-familia de temas o refranes:
Cap. 7,1-15: Más vale esto... que, aquello...
Cap. 10,4-20: Si esto haces... aquello pasará...
Cap. 11,1-6: Deja que al fin y al cabo...

Escogemos uno de los tres textos para leer de paso los distintos temas o refranes... Escogemos un refrán de la serie-familia y le buscamos sus parientes en refranes o dichos. Escogemos dos que más nos gusten y los escribimos en la cartulina junto con el refrán escogido del Eclesiastés.

3. Pensamos: ¿Qué experiencias de la vida han producido este refrán? ¿Cuál es el mensaje que nos quiere dar?

ECLESIÁSTICO

« No seas un león en tu casa y un cobarde entre tus trabajadores» (Eclo 4,30).
* No seas candil de la calle y oscuridad de tu casa.
« Oro y plata hacen el paso firme, pero más que ambos se estima el buen consejo...» (Eclo 40,25).
* Muchas hojas, pero poco fruto.
« Hay represión a gritos y hay silencioso de verdad sensato»(Eclo 20,1).
* Hay que cerrar la boca para que no entren las moscas.

1. La experiencia del pueblo en dichos y refranes: cada uno de los miembros del grupo aporta un dicho o refrán.

2. La Sabiduría del pueblo en el libro del Eclesiástico: vamos a proponer tres capítulos donde aparecen algunos refranes de 3 series-familia:
Eclo 4,22; 5, 8: Mejor nones que pares.
Eclo 20,1-12: Hay verdades y hay sus asegunes.
Eclo 40,18-26: Buenas las manzanas, pero mejor perones.

Escogemos uno de los textos para leer de pasada todos los refranes.
Escogemos un refrán de la serie-familia señalada y les buscamos sus parientes en dichos refranes.
Escogemos dos que más nos gusten y los ponemos en la cartulina junto con el refrán del Eclesiástico.

3. Pensamos: ¿Qué experiencias de la vida han producido este refrán? ¿Cuál es el mensaje que nos quiere dar?

SABIDURÍA

«Vengan pues y gocemos de los bienes de este mundo... hartémonos de vinos finos y de perfumes...» (Sab 2,6.7).
*Si me ha de llevar el diablo, que me lleve en buen caballo.
«Yo amé la sabiduría y la he buscado desde mi juventud y me he esforzado por hacerla mía» (Sab 8,2).
*A Dios rogando y con el mazo dando.
«Pero a sus servidores la Sabiduría los libró de sus fatigas» (Sab 10,9).
*Al que madruga Dios lo ayuda.
«Desgraciados en cambio los que ponen su esperanza en seres sin vida» (Sab 13,10).
*El que no cree en Dios, donde quiera se anda hincando.

Canto Popular:
Paloma Querida
Cuatro caminos hay en mi vida,
cuál de los cuatro será el mejor,
tú que me viste llorar de angustia,
dime paloma por cuál me voy.

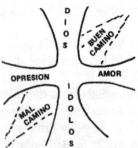

1. Experiencia del pueblo en dichos refranes: cada uno de los miembros del grupo aporta un dicho o refrán.

2. La Sabiduría del pueblo en el Libro de la Sabiduría: vamos a proponer cuatro textos que señalen los cuatro caminos que se presentan ante la vida y que se reducen a dos: El bueno y el malo.

El tema está insinuado por el refrán: Si me ha de llevar el diablo, que me lleve en buen caballo. **Sab 1,16 y 2,20**
Sab 8,2-16: A Dios rogando y con el mazo dando.

Sab 13,1-19: El que no cree en Dios donde quiera se anda hincando.

Escogemos uno de los 4 textos para leer de pasada los refranes. Escogemos un refrán de la serie-familia señalada y le buscamos sus 'parientes' en dichos. De éstos escogemos los dos mejores y los ponemos en cartulinas con frases de la Sabiduría.

Nota:
En el libro de la Sabiduría es más difícil encontrar un proverbio corto, más bien debemos buscar ideas, el tema que trata sobre los distintos caminos de la vida. (A esto, buscarle su 'pariente').

Pensamos: ¿Qué experiencias de la vida han producido este refrán? ¿Cuál es el mensaje que nos quiere enseñar?

Plenario: Concurso de Refraneros
Cada grupo lleva sus cartulinas y los van leyendo uno por uno y se va viendo a cuál le aplauden más. Se escogen los que gusten más.

Reflexionemos sobre el parentesco de los Proverbios de la Biblia y nuestros refranes.

Buscamos cómo promover más esta sabiduría popular en dichos, cantos, cuentos, chistes... Hasta inventar y componer, adaptar nuevos dichos... Es interesante notar cómo la experiencia, la voz del pueblo se hizo Palabra de Dios... Y como nosotros, por nuestra experiencia, por la voz del pueblo, sentimos una cercanía con esa Palabra de Dios.

Conclusión - Celebración
Hemos terminado la primer parte del curso de la Biblia. Revisemos si quedaron preguntas pendientes para tratar de responderlas. La visión de conjunto que hemos presentado nos ayudará a contestar con más claridad y precisión.

Celebremos con alegría el recorrido de nuestro curso. Lo haremos con una Liturgia de Palabra, y si es posible, tendremos la Eucaristía.

Cantemos y demos gracias por todo lo que hemos aprendido y vivido en estos días.

Lectura del Evangelio de Lucas 24,13-35.

Vamos a imaginar al Antiguo Testamento y al Nuevo Testamento como peregrinos que se encuentran en el Camino de Emaús con Jesús. Esto nos podrá servir para comprender el diálogo entre los discípulos y Jesús. "Nosotros esperábamos que él sería el libertador de Israel..." y la respuesta de Jesús: "¿Acaso no era necesario que el Cristo padeciera para entrar en su gloria? Y comenzando por Moisés y recorriendo todos los profetas, les interpretó todo lo que las Escrituras decían de Él" (Lc 24, 13, 21,26-27).

También nosotros podemos preguntar hoy:
1. ¿Cuál sería la esperanza de un Mesías-Libertador en el Antiguo Testamento?
2. ¿Cuál es la explicación de la Pasión y Muerte de Cristo-Libertador que el mismo Jesús da?

Ahora sólo proponemos algunas reflexiones para celebrar y culminar esta parte del curso. Luego, en sus comunidades y en su familia, los invitamos a estudiar detenidamente el Apéndice donde tratamos de recorrer con Jesús a Moisés y los Profetas.

El Pueblo de Israel ha caminado un largo camino, vive su Historia de Salvación. Es una historia llena de acontecimientos, guardada en la memoria y transmitida con palabras y escritos que han venido anunciando, preparando el camino del CAMINO: EL MESÍAS, el prometido -para cumplir todas las promesas- el enviado -de parte de Dios para vivir en medio del pueblo- y el esperado -para liberar al pueblo y hacer posible el reinado de Dios en la tierra-.

Su misma experiencia de opresión, destierro, lucha, le hará al pueblo descubrir que el camino de liberación y la misión liberadora tanto del pueblo como del Mesías, será con esfuerzos, penalidades, persecuciones.

El camino de la esperanza es como una liga de hule elástica; tantas fuerzas contrarias estiran y restiran la esperanza del pueblo.

Y el pueblo pobre y sufrido resiste más y más, aguanta lo increíble sin romperse. Cada día se alarga más la liga del tiempo y la tensión crece, pero la esperanza hace tener la certeza de que se está más cerca de la meta y del día esperado.

¡Los caminos ya casi se juntan! El camino de Israel se ha alargado hasta el extremo y ya casi llega a donde comenzará el camino de Jesús. "Abran camino al pueblo... Reparen el camino... Miren que viene el Salvador..." (Is 62,10-11).

Miremos a algunas fuerzas salvíficas de la historia que están llegando a un cumplimiento:

- **LA PALABRA:** lluvia de palabras y hechos -gota a gota- que a través de la historia ha ido empapando, fecundando la tierra. Y las corrientes de agua viva forman un río subterráneo, y están a punto de brotar como manantial en el Río JESUCRISTO.
- **EL PUEBLO:** como esposa amada del Señor, lucha por ser fiel a la Alianza y dar a luz al Hijo de Dios que espera y lleva en sus entrañas.
- **EL DÍA** esperado se acerca, amanece y la luz de la aurora va venciendo a la noche y las tinieblas; se vislumbra la LUZ, el Nuevo Camino.

El camino de Israel y el camino de Jesús se juntan en el Mesías -el Ungido- o sea, en Cristo; se hacen un solo camino.

En el Antiguo Testamento se va configurando el retrato soñado, esperado del Mesías y en el Nuevo Testamento es ya una realidad, es una persona viva. Israel camina por una promesa. Jesús es el camino prometido.

Recorriendo las etapas del camino de Israel, encontramos que se va formando la figura de Jesús:
- **Patriarcas:** Jesús es el Génesis, Nuevo Adán, el Prometido a Abraham... Nuevo Isaac.
- **Libertadores - conquistadores:** Jesús es el Nuevo Éxodo, Nuevo Moisés, (N. Ley-Alianza) Nuevo Josué.
- **Reyes:** Jesús es el Nuevo David-Nuevo Reino. El Profeta esperado de las naciones..
- **Desterrados:** Jesús es el Siervo de Yahvé.
- **Restauradores:** La Sabiduría y Palabra de Dios es Jesús.
- **Defensores de la Fe:** Hijo del Hombre-Justo Salvador.

Aquellos peregrinos habían despertado su esperanza en el amanecer del camino de Israel, habían quedado deslumbrados por el SOL Jesús de Nazaret: "profeta poderoso en obras y en palabras delante de Dios y de todo el pueblo..." (Lc 24,19). Pero, ahora ya se va haciendo tarde y el sol va cayendo junto con todas sus esperanzas... El  Señor Jesús escucha su plática, comprende su situación y, entonces, les empieza a explicar las Escrituras, algunas de las que también nosotros podremos meditar.

La lectura e interpretación del Antiguo Testamento y de la propia vida de Jesús, dejó ardiendo el corazón de aquellos caminantes...

En nuestra celebración litúrgica:
Preguntémonos nosotros si nuestro corazón se ha calentado, si se han abierto nuestros ojos, si nuestro espíritu se ha alegrado y fortalecido... Comuniquemos a nuestra comunidad ese aumento de fe, de esperanza y de amor que el Señor nos ha

regalado... Y hagamos nuestro ofertorio como compromiso y pasemos a partir y compartir el Pan de la Vida.

Para terminar nuestra celebración, podemos cantar los cantos, los corridos que se hayan trovado o los versos que se hayan compuesto en ocasión del curso.

"¿No estaba ardiendo nuestro corazón por dentro de nosotros cuando nos hablaba por el camino y nos explicaba las Escrituras?" (Lc 24,32).

APÉNDICE DE LA PRIMERA PARTE

Podemos, ya terminado el camino de Israel, retomar este apéndice para repasar en un estudio más personal o comunitario algunos puntos y textos no vistos en esta primera parte.

La experiencia del recorrido del camino de Israel nos ha dejado con el deseo de conocer más el Antiguo Testamento, el Antiguo Poblado de la Biblia. El Antiguo Poblado trae muchas citas-puente referentes al Mesías. Aún resuena en nosotros el diálogo entre los caminantes de Emaús y Jesús y volvemos a preguntarnos: ¿Cuál es la esperanza mesiánica y cómo se cumple en Jesús?

Crucemos los puentes, caminemos sobre el Río Jesucristo, de su mano vayamos caminando por los barrios ya conocidos de los historiadores, profetas y sabios quienes, con el pueblo de su tiempo, a partir de la situación, van haciendo una reflexión de fe, en la que poco a poco descubren y anuncian la necesidad y la certeza de un salvador, de un Mesías. No quiere decir que ellos leían y describían el futuro como si estuvieran viendo lo que iba a suceder.

El pueblo y los escritos sagrados, como hemos estudiado, a partir de la situación presente, vuelven sus ojos de fe al pasado para recordar la acción del Señor y de su pueblo y renovar el Proyecto de Dios, y así lanzarse, aunque de una manera oscura y borrosa, pero con una certeza total y esperanza mesiánica, hacia el futuro.

LOS HISTORIADORES

El Éxodo -la Pascua liberadora- lo consideran un acontecimiento definitivo. El conocimiento del NOMBRE de Yahvé, la fe en ese Dios que está con el pueblo les hace comprender: "Dios nos ha liberado para ser felices siempre" (Dt 6,20-24). El Éxodo no significó sólo pasar el Mar Rojo, ni llegar a conquistar las tierras cananeas, sino salir de la esclavitud y continuar más allá de todas las fronteras. Por eso, al pensar y prever para el futuro, sienten la necesidad de un "... nuevo Profeta semejante a Moisés" (Dt 18,18). No basta poseer la tierra, es necesario repartirla, trabajarla y procurar una organización popular para poner en práctica el Proyecto de Dios y así servir para siempre al Señor (Gn 12,1-5).

Los historiadores continúan remontando el Río de la Vida no sólo para presentar una explicación de sus orígenes, sino para retomar su experiencia para orientarse hacia su fin.

La narración del Paraíso no sólo presenta una nostalgia de lo que fue el mundo sin pecado, sino también una esperanza de poder, con la ayuda de Dios y el esfuerzo humano, arrancar el pecado, el mal del mundo. De la descendencia de la MUJER, de la nueva Eva, nacerá un nuevo hombre, nuevo Adán, Cristo: «Enemistad pondré entre ti y la mujer, entre tu linaje y el suyo: él te pisará la cabeza...» (Gn 3,15).

El pueblo de Israel va viviendo la experiencia de la monarquía; poco a poco se va decepcionando de sus reyes y va añorando la prosperidad y el desarrollo alcanzados en tiempo del rey David. Por eso sueña y espera para el futuro un rey como David y un reinado que no se acabe: «Tu casa y tu reino permanecerán para siempre ante mí y tu trono estará firme eternamente» (2 Sam 7,16).

La experiencia del destierro acrecentó y avivó la esperanza de un Mesías liberador, y ésta continúa en los afanes de restauración. La persecución y martirio, en tiempo de los Macabeos, les descubre la necesidad de creer en la inmortalidad del alma, en la resurrección (2 M 7,9).

LOS PROFETAS

Los Profetas, al denunciar las injusticias presentes, recuerdan los acontecimientos pasados y el Proyecto de Dios. Quitan las falsas seguridades donde pretende apoyarse el pueblo, y anuncian un nuevo éxodo, una nueva alianza, un nuevo reino que debe fincarse en la esperanza y en la espera del enviado de Dios, alguien muy superior a Moisés, a David y a Elías...

Amós: Presenta un mesianismo que incluye: Reconstruir el reino de David, tener prosperidad y abundancia y poseer la tierra. "...y no serán arrancados nunca más del suelo que yo les di" (Am 9,15).

Oseas: Por la infidelidad del pueblo a su Dios, Israel se quedará mucho tiempo sin reyes, dominado por otros imperios, pero, al convertirse, algún día encontrarán un nuevo David: "Después volverán los hijos de Israel, buscarán a Yahvé y a David su rey..." (Os 3,5).

Isaías Primero: Cuando Ajaz, rey de Judá, iba a exponerse a perder el trono significaba que se acabarían la dinastía de David y las promesas; pero Dios se preocupa de su pueblo y envía al Profeta Isaías para prevenir al rey. En esta ocasión es cuando el Profeta hace la profecía: Este anuncio se considerará como un pre-anuncio, ese niño como la figura del Mesías: "Pues bien, el Señor mismo va a darles una señal: He aquí que la doncella ha concebido y va a dar a luz un hijo y le pondrá por nombre EMMANUEL" (Is 7,14). "El pueblo que andaba a oscuras vio una luz intensa... Porque un niño nos ha nacido... Grande es su señorío y la paz no tendrá fin sobre el trono de David y sobre su reino para restaurarlo y consolidarlo en el derecho y la justicia. Desde ahora y hasta siempre" (Is 9,1-6).

Sofonías: El Reino del Sur, Judá, se anima mucho por el debilitamiento de Asiria, porque descubre en el resto de Israel aquel grupo humilde y pobre que vive en medio del pueblo. Y esto les anima a esperar el día del Señor: "Yahvé, tu Dios, está en medio de ti. Un poderoso Salvador" (Sof 3,17).

Miqueas: Era del Reino del Sur, Judá, y le tocó ver la caída del Reino del Norte. Sabía los peligros que corría Judá y anuncia que el Mesías nacerá en un pueblito insignificante, para señalar su origen humilde, y entre los pequeños: "Pero tú, Belén Efratá, aunque eres la más pequeña entre los pueblos de Judá: tú me darás a Aquél que debe gobernar a Israel" (Mi 5,1).

Jeremías: En los tiempos difíciles de Judá, ya cercana su caída, el profeta Jeremías, a pesar de todas las dificultades y persecuciones, anuncia un mensaje consolador y un futuro mesías-rey (Jer 30,9). "En esos días haré nacer un nuevo brote de David que ejercerá la justicia y el derecho en el país" (Jer 33,15) "Suscitaré a David un germen Justo" (Jer 23,5-6).

Ezequiel: El pueblo ha sufrido el despojo de sus bienes y apoyos: Tierra, Templo, casas... Pasa al destierro. Los malos pastores-reyes han tenido la culpa. El Profeta anuncia un nuevo REY-PASTOR que viene en medio del pueblo: "Yo haré surgir un único pastor que esté al frente del rebaño: a David mi siervo... El, mi siervo David, será jefe en medio de ellos" (Ez 34,23-24).

Isaías Segundo: El profeta consolador, anuncia la buena noticia de la liberación como un nuevo éxodo. Canta su esperanza en los cuatro cánticos del Siervo sufriente. Ese Siervo de Yahvé es el pueblo pobre que sufre y es fiel... Este Siervo de Yahvé se irá constituyendo una imagen del Mesías. Un Mesías que para reinar tendrá que sufrir, padecer.

- En el primer cántico, Dios presenta a su servidor humilde a quien ama y sostiene (Is 42,1-9).
- En el segundo cántico el Siervo sufriente toma conciencia de su misión y acepta (Is 49,1-6).
- En el tercer cántico nos encontramos al Siervo que sufre, lucha, aguanta y resiste. Escucha la voluntad de Dios y la cumple (Is 50,4-9).
- En el cuarto cántico, el servidor, aunque caído y abatido, es levantado por Dios y cumplirá su misión (Is 52,13-53,12).

Zacarías: En el tiempo de la restauración, ante tantas dificultades, el Profeta anima la esperanza del pueblo presentando al Mesías pacífico y pacificador: "Alégrate muchísimo... Salta de gozo... Pues tu rey viene hacia ti, él es santo y victorioso" (Zac 9,9).

Daniel: Este libro, se escribe en época de persecución, la que desencadenaría la revuelta Macabea. Es un libro apocalíptico y, por lo tanto, presenta su mensaje en visiones y en clave; al revelar el sentido de la historia, la acción reinante del Hijo del Hombre, revela la victoria al final de los tiempos, simbolizada en las 70 semanas: "He aquí que en las nubes del cielo venía como un hijo del hombre. A él se le dio imperio, honor y reino; y su reino no será destruido jamás" (Dan 7,13-14). "Setenta semanas están fijadas sobre tu pueblo, para instaurar justicia eterna... para ungir al santo de los santos" (Dan 9,24).

LOS SABIOS

El pueblo siente un anhelo de vivir, pero se le enfrenta el sufrimiento, el dolor, la muerte... La sabiduría consiste en saber vivir, buscar y elegir los buenos caminos en la vida cotidiana. Los sabios van recogiendo las experiencias del pueblo en proverbios y refranes; y también recuerdan el caminar del pueblo en su historia pasada, y reflexionan sobre la naturaleza, fuente y manera de conseguir la sabiduría. En esta búsqueda fueron descubriendo en lo profundo de toda vida la sabiduría de Dios que, como un espíritu y una fuerza personificada, guía en la vida...

Es como la Palabra creadora de Dios: "Dios de los padres, Señor de la Misericordia, que con tu Palabra hiciste el universo y con tu Sabiduría formaste al hombre..." (Sab 9,1-2). Esta reflexión ayudará a prever al Cristo preexistente, a la Palabra, al Hijo de Dios por quien todo fue hecho.

LOS SALMOS

Los salmos son una expresión muy variada y completa de los sentimientos y de la fe del pueblo, de sus comunidades y personas: son cantos, oraciones de súplica, alabanza, perdón, himnos para mostrar la grandeza de Dios y para recordar la historia del pueblo, poemas para enseñar y animar la sabiduría de vivir, de elegir el buen camino... En los salmos el pueblo responde con sus palabras a la Palabra de Dios, es la vida que se hace oración en sus diversas expresiones: agradecimiento, perdón, súplica, ofrecimiento y alabanza, Los salmos son como ríos que nacen de la vida humana y corren hacia el mar de Dios, brotan a lo largo de todo el camino de Israel y recorren toda su historia: etapa del desierto (Sal 136), tiempos de David (Sal 132), de la revolución macabea (Sal 79). Son un resumen de todo el Antiguo Testamento.

En los salmos encontramos la esperanza mesiánica. Muchos salmos consideran a Yahvé Dios como el único rey de Israel y del universo: "Digan entre las naciones: Yahvé es Rey... Él juzgará al mundo con justicia y a los pueblos con verdad..." (Sal 96; 97; 99). Otros Salmos anuncian al Mesías, al Ungido: "... los reyes de la tierra conspiran contra Yahvé y su Ungido" (Sal 2,2). "Tú das más y más victorias a tu rey, y muestras compasión con tu ungido, con David y su descendencia para siempre..." (Sal 18,51).

"Ahí suscitaré un vástago a David, aprestaré una lámpara a mi ungido" (Sal 132,17).

Segunda Parte

EL CAMINO DE JESÚS Y LOS EVANGELIOS

INTRODUCCIÓN

"Yo soy el Camino, la Verdad y la Vida" (Jn 14,6).

Jesús con frecuencia nos dice Yo Soy, para revelarnos su divinidad. La Palabra de Dios ha creado la Vida y nos ha revelado la Verdad por Cristo, en Cristo y para Cristo. El Camino que hemos recorrido y recorremos en los libros de la Vida y de la Biblia, nos lleva a encontrarnos con la Palabra de Dios escondida en la historia y que en el punto culmen de la historia se encarnó en la humanidad de Jesucristo, verdadero Dios y verdadero Hombre.

Comenzamos nuestro camino cuando se abrió el libro de la Vida: Ahí vimos y escuchamos la Palabra de Dios escrita en la vida, en la creación, en la naturaleza, en la pareja humana... Recordamos que cuando el pecado cegó los ojos y tapó los oídos de la humanidad, Dios nos escribió un segundo libro, el libro de la Biblia, para que pudiéramos interpretar la Vida. Las leyes de los hombres apresaron la ley de Dios y junto con ella, condenaron y apresaron a los hombres y al Pueblo. Dios, por amor, nos mandó a su Hijo, nos habló con su Palabra, última y definitiva: Jesucristo. Él es la Palabra Eterna de Dios, que estaba presente en la creación del primer libro de la Vida. "Todo se hizo por ella y sin ella no se hizo nada de cuanto existe... En ella estaba la Vida... En el mundo estaba y el mundo fue hecho por ella y el mundo no la conoció... Y la Palabra se hizo carne y puso su tienda entre nosotros... Porque la Ley fue dada por medio de Moisés; la gracia y la verdad nos han llegado por Jesucristo..." (Jn 1,1-18).

Dinámicas de la Biblia amarrada y del 'Cristo' que surge del Río de la Palabra

Ponemos la sábana extendida (si se puede con algunos elementos de la creación) para simbolizar el libro de la vida y sobre la sábana ponemos una Biblia amarrada con lazos. Ponemos otra sábana retorcida para simbolizar el Río de la Palabra y abajo escondemos un 'crucifijo'. Vemos la sábana del libro de la Vida. Todo parece que está igual, aunque notamos una tremenda novedad: La Biblia está atada con lazos.

Ponemos la Biblia amarrada con lazos como una carga, sobre los hombros de una pareja. Leemos Mt 23,1-4: "En la cátedra de Moisés, se han sentado los maestros de la ley y los fariseos... Atan cargas pesadas e insoportables, y las ponen sobe los hombros de la gente..." Así no se puede abrir, ni leer la Biblia. Las autoridades, saduceos, escribas y fariseos habían sacado del Pentateuco 613 mandamientos y contabilizaban: 365 prohibiciones y 248 mandatos. Esta manipulación de la Biblia esclavizaba al pueblo. El pueblo clama de nuevo, Dios escucha, mira y nos vuelve hablar.

La carta a los Hebreos dice: "En diferentes ocasiones y bajo diferentes maneras, Dios habló a nuestros padres, por medio de Profetas, hasta que en estos días, que son los últimos, nos habló a nosotros por medio de su Hijo" (Heb 1,1-2). Dios nos habló por el libro de la vida y cuando la humanidad quedó ciega y sorda, nos habló por el libro de la Biblia y cuando esta quedó acallada, silenciada nos habló por medio de su Hijo, el Verbo de Dios.

En ese momento sacamos el crucifijo del Río de la Palabra. Jesucristo, es el Alfa y la Omega, la primera y la última Palabra de Dios. Dios nos comunica todas sus palabras por su Palabra. Jesucristo, es un libro escrito con amor en carne y sangre, libro abierto, como sus brazos en cruz,  para que todos los hombres y mujeres puedan leer, escuchar, contemplar este tercer Libro que Dios nos escribió.

La Palabra de Dios, como agua viva, había corrido como río subterráneo en la vida y en el Antiguo Poblado y ahora brota el agua, se hace visible, Palabra encarnada y sacramental en Jesús. El Río Jesucristo estará en medio del Poblado de la Biblia y comenzará a construirse el Nuevo Poblado de la Biblia. Jesús vino a liberar al pueblo, sin querer abolir la ley y los Profetas (Mt 5,17), quitó los lazos y cadenas de las falsas interpretaciones bíblicas y esto sería uno de los motivos por los que le quitarían la vida. Acercamos el Cristo del crucifijo a la Biblia amarrada que está sobre los hombros de pareja, quitamos los lazos que caen al suelo abrimos la Biblia y la ponemos en las manos del pueblo representado por la pareja.

¿Qué le entendimos a estas dinámicas?
¿Cómo y por qué está la Biblia amarrada?
¿Qué hizo Jesucristo para liberar a la humanidad?

Jesús es Peregrino y Camino, nos invita a seguirlo y a caminar con Él. "*Una voz grita en el desierto: 'preparen el camino del Señor, enderecen sus caminos...'*" (Lc 3,4).

El Camino de Jesús es preparado por los caminos justos y el caminar liberador de hombres y pueblos. Por eso recorrimos el largo y pesado camino de Israel. Vimos hechos y acontecimientos realizados por hombres y mujeres movidos por la fe y la esperanza de hacer realidad las promesas y bendiciones del Señor su Dios.

El pueblo de Israel guardó en su memoria el recuerdo de la Salida-Éxodo. La PASCUA LIBERADORA, tradición que fue transcurriendo de generación en generación. Y ese Pueblo de Dios quiso dejar un testimonio, un testamento por escrito de esa historia de Salvación. Y por eso fueron levantando, construyendo lo que hemos llamado el ANTIGUO POBLADO DE LA BIBLIA.

Nosotros, al recorrer sus calles y barrios, nos encontramos y conocimos a algunos de sus héroes, de sus Profetas y Sabios. En especial descubrimos al pueblo de Dios que en la oscuridad de la fe iba preparando la venida del Mesías. Así llegamos a lo que en la Parábola del Poblado de la Biblia hemos llamado el Río JESUCRISTO, quien como fuente de agua viva, es el eje, el centro, entre el Antiguo Poblado y el Nuevo Poblado.

EL CAMINO DE JESÚS no desconoce ni anula al CAMINO DE ISRAEL sino que lo continúa, y culmina todo el camino de liberación.

Vamos ahora a recorrer este camino de Jesús buscando los hechos y acontecimientos de su Paso por nuestra vida, su Pascua Liberadora. Veremos cómo los cristianos, las comunidades primitivas, la Iglesia, fueron guardando en su memoria y transmitiendo este mensaje y cómo también quisieron dejar por escrito, como un NUEVO TESTAMENTO, toda esta nueva etapa de la Historia de Salvación. A estos escritos es lo que llamamos, en nuestra parábola, el NUEVO POBLADO de la Biblia.

Nos concentraremos en el barrio de los EVANGELIOS y trataremos de conocer y gustar más sus calles: Evangelio Marcos, Evangelio Mateo, Evangelio Lucas y Evangelio Juan. Más que buscar una doctrina, una historia, una moral, buscaremos a una persona, a Jesús, nuestro hermano, amigo y compañero y a su comunidad de discípulos y discípulas.

Sólo si recorremos estas calles de arriba para abajo y de un lado para otro, y nos detenemos aquí y allá podremos aclimatarnos y arraigarnos más y más. Nos sentiremos pobladores, ciudadanos y vecinos de este barrio de los Evangelios y todo el Poblado de la Biblia.

Todo este esfuerzo, y también el estudio, lo hacemos para conocer más a Jesús, para amarlo más y seguirlo mejor y de más cerca.

También seguiremos los tres momentos de la construcción del Poblado de la Biblia: Por eso en el primer momento veremos los acontecimientos históricos; en el segundo momento veremos el testimonio y memoria de la Iglesia sobre este caminar del Señor Jesús; y en el tercer momento estudiaremos cómo los escritores evangelistas fueron construyendo sus evangelios, el EVANGELIO DE JESUCRISTO.

Antes de pasar al primer momento, pidamos la gracia del Señor para hacer bien esta parte del curso y que nos ayude a conocer más a Jesucristo, para amarlo más y mejor seguirlo en su camino.

Alma de Cristo, santifícame.
Cuerpo de Cristo, sálvame.
Sangre de Cristo, embriágame.
Agua del costado de Cristo, lávame.
Pasión de Cristo, confórtame.
¡Oh, mi buen Jesús! óyeme.
Dentro de tus llagas, escóndeme.

No permitas, que me aparte de Ti.
Del maligno enemigo, defiéndeme.
En la hora de mi muerte, llámame.
Y mándame ir a Ti,
para que con tus santos te alabe
por los siglos de los siglos. Amén.

Dinámica: La cosecha

Objetivo:

Procurar que el grupo se interrelacione y comunique breve y vivencialmente sus experiencias de encuentro con Dios y el Evangelio.

Material:

Unas mazorcas de maíz o unas vasijas con semillas de algún cereal.

Desarrollo de la dinámica:

Se forman grupos de unas doce personas. En cada grupo se reflexiona un momento en silencio sobre algún pasaje de la vida de Jesús o algún texto del Evangelio que haya dado una luz o una fuerza significativa en la vida personal. Se pasa la mazorca de mano en mano y se le va arrancando un granito de maíz. Las personas del grupo que quieran pueden comunicar su experiencia de encuentro con Jesús o su Evangelio, algún fruto especial.

Nota:

Durante este tiempo podemos preparar el escenario y los personajes del 'mapa vivo e historia en tiempo de Jesús", con la ayuda de: Los Peregrinos de la Palabra[4].

---

[4] En Peregrinos de la Palabra p. 67-72 encontramos, quizá más resumidos, elementos, textos para complementar lo ya propuesto en el Poblado de la Biblia sobre la geografía e historia en tiempos del camino de Jesús.

Primer Momento
LA HISTORIA DE JESUS Y DE SU TIEMPO

"Jesús, como venía cansado del CAMINO,
se sentó en el brocal del pozo. Era cerca del mediodía" (Jn 4,6).

El camino de Jesús, no va sobre algodones, ni por las nubes sino sobre tierra dura y pesado sol. Pero estas inclemencias y dificultades físicas no son las que más fatigan a Jesús, sino toda la situación que vive y atraviesa el pueblo. Vamos a asomarnos un poco para ver el camino de Jesús, la situación y ambiente en que le toca vivir, para luego pasar a conocer más de cerca su vida personal, sus pasos y obras.

Para entender un poco mejor el camino de Jesús, pensemos en nuestro propio camino, así poder poner en práctica lo que estudiamos y seguir a Jesús hoy y aquí.

Sugerimos hacer una dinámica: con un mapa en vivo para estudiar la tierra y situación en tiempos de Jesús (Se explica más adelante).

Un poco de historia...

Nosotros también somos caminantes y tenemos experiencia del camino de la vida. - "¿Quién de ustedes podría contarnos algo de la vida, de la situación en los tiempos de sus abuelitos...?"
Don Teno se puso de pie y comenzó a hablar:
- *"Mi abuelito nos contaba que en los tiempos de entonces vivían en la esclavitud. Los capataces en las haciendas los hacían trabajar de sol a sol".*
- ¿Y quién era el presidente del país en ese tiempo? *"Pues, creo que era Don Porfirio Díaz, el dictador..."*

Ahora vamos a tratar de saber algo de la situación en el tiempo de Jesús. Los evangelistas nos presentan algunos datos muy

146

importantes: "*Por aquellos días salió una ley del emperador César Augusto que mandaba empadronarse a todos para levantar un censo en todo el Imperio Romano. Este primer censo se hizo cuando Quirino era Gobernador de Siria*" (Lc 2,1-2).

- "*¿Por qué podía el emperador romano mandar al pueblo de Israel?*"

Ya vimos, al estudiar el camino de Israel, que los revolucionarios macabeos, unos 150 años antes del nacimiento de Cristo, lograron la independencia. Luego, por divisiones internas y por presiones externas, cayeron bajo el Imperio Romano. Primero fue como un tutelaje ligero, y después, en el año 63 a.C. El general Pompeyo impuso una pesada dominación. En Siria tenían un gobernador para controlar toda aquella región donde se incluía Palestina, Israel. Tenían el dominio sobre la tierra y cobraban tributos e impuestos. Y estos eran altos: 25%, o sea, que de cada cuatro costales tenían que entregar uno al Imperio Romano. Precisamente, para contabilizar bien, mandaron levantar ese censo, y conocer así la cantidad de contribuyentes y controlar mejor. Esta medida del Imperio Romano molestó mucho a los judíos nacionalistas, en especial a un grupo más radical, el de los zelotes, que poco tiempo después del nacimiento de Jesús se levantó en armas, encabezado por un tal Judas, el Galileo, pues esta revuelta aconteció en Galilea. Fueron duramente reprimidos en un pueblito cercano a Nazaret, llamado Séforis.

- "¿Y quién era la autoridad mayor cuando nació Jesús?"

Como sabemos ya, era César Augusto, el emperador Romano. Por parte de los judíos era Herodes I, el Grande. Más tarde, su hijo Herodes Antipas, el que intervino en la muerte de Jesús. Después su nieto Herodes Agripa será quien mande matar al apóstol Santiago. Por eso el Evangelio dice: "Nacido Jesús en tiempo del Rey Herodes..." Mt 2,1.

- "¿Qué sabemos de este Herodes?"

Doña Tencha contestó dudando:
- "¿No fue ese el que mandó matar a los Inocentes, por querer matar a Jesús?"
- Sí, y no crean que nada más esas muertes debió. Él empezó a reinar desde el año 37 a.C. y para conseguir el poder se entregó juntamente con el país a los Romanos y fue eliminando a todos los que podrían ser una amenaza a su ambición de reinar. Entre esos, asesinó a algunos de sus hermanos, a tres de sus hijos, y hasta a su propia madre.
  Para mantenerse en el poder, facilitó la entrada a los romanos y los apoyó. Como muestra de servilismo le cambió de nombre al lago de Galilea y le puso nombre romano: Tiberíades, al igual que a una ciudad, le puso el de Cesarea.
- Para calmar el malestar popular, nacional, y también con fines de acrecentar y centralizar el poder, construyó un nuevo templo, grande y lujoso. Para no poner en duda su alianza con Roma, colocó en la Puerta el Águila Imperial Romana. Cuando Herodes estaba ya moribundo, un grupo nacionalista pensó que ya había muerto y bajaron el Águila Romana y la rompieron. Al enterarse, Herodes dio su última orden de muerte y asesinaron en Jerusalén a dos maestros de la ley y unos cuarenta alumnos.

Veamos algunas de las fechas que hemos ido enumerando en la cinta del tiempo

| 63 | 37 | AC | DC | 33 dc | 66 | 70 dc |

Roma conquista Palestina — Herodes Rey — Nace Jesús — Muere Jesús — Revolución Zelotas — Caída de Jerusalén

Reflexionaremos sobre otro dato que nos da el Evangelio: "También José, como era descendiente de David, salió de la ciudad de Nazaret de Galilea y subió a Judea, a la ciudad de David, llamada Belén para inscribirse con María..." Lc 2,4-5.

El camino que recorrieron José y María fue de unos 120 kilómetros.

Aquí es bueno que repasemos los mapas. Vemos el mapa de México y el de Palestina.

¿Dónde naciste?
¿Dónde vives ahora?

El mapa del Imperio Romano y el de Palestina agrandado, nos ayuda a comprender mejor el camino de Jesús y a situar mejor algunos pasajes del Evangelio.
Son los 4 estados principales.

- **Al Sur: Judea,** con su capital Jerusalén.
- **Al Norte: Galilea,** donde está Nazaret, Cafarnaúm y el Lago de Tiberiades.
- **Al Centro: Samaria.**
- **Al Este,** al otro lado del Río Jordán: **Perea** y el desierto.

¿Dónde nació Jesús?, ¿Dónde vivió?

"Pero... ¿Por qué andaba José fuera de su tierra natal?"

"¿Quién de ustedes ha salido de su tierra? ¿Por qué han venido para acá?"

Dinámica: Mapa en vivo en tiempos de Jesús

En el salón de pláticas se deja un espacio amplio (las sillas alrededor). Con objetos se va reproduciendo lugares claves de Palestina:

- Sábanas para representar el mar de Galilea.
- Un rollo de papel de baño u otra tira para el Río Jordán.
- Una sábana para el Mar Muerto.
- Un balde para el pozo de Jacob, en Samaria.
- Una silla para Nazaret y otra para Belén.
- Una mesa con sillón para la ciudad y templo de Jerusalén.
- Un estrado para Cesarea.

Desarrollo de la dinámica:

Luego se ponen personas revestidas simbólicamente para representar a personajes clave: Emperador romano, Herodes, Sumo Sacerdote, Zelote, José y María. El que dirige el curso va presentando a estos personajes, explicando los datos, acciones... Mover a los personajes... Para ir conociendo la historia ayudarse de algunos textos: Lc 2,1-7; 3,1-3; Mt 2,1-2; Mt 2,19-23; Jn 4,1-6. Completar.

Diego, un chiapaneco, se puso de pie y contó algo de su historia:
- *"Salí buscando la vida, procurando trabajo..."*
- También José tuvo que salir, emigrar de Belén en Judá o Judea, en el Sur e irse al Norte. En el Sur, la sequía es dura, hay poco trabajo. Sólo hay algunos que pastorean ganado menor, ovejas y cabras y es con frecuencia ajeno... En la capital, Jerusalén, había trabajo de artesanías. Hacían vasos sagrados y cosas para el Templo, pero la población se iba acumulando y concentrando ahí. En realidad Jerusalén era chica, unos 30,000 habitantes, aunque los días de fiesta se reventaba de gente. En la capital mucha gente vivía alrededor del Templo. El Templo era el centro de poder político. Por eso en Jerusalén vivían los sumos sacerdotes, los saduceos que eran grandes latifundistas, aunque a veces sus tierras las tenían lejos, sobre todo por allá en el Norte, en Galilea, donde había

mejores pastos y una economía más desarrollada, por la agricultura, la uva y la pesca en el lago.

De ahí que muchos pobres campesinos, y entre ellos José, tuvieran que emigrar al Norte, a Galilea. Este hecho nos habla de la situación de injusticia, de desigualdad y empobrecimiento que había en tiempos de Jesús.

- *"Bueno, y ¿qué pasó después que murió Herodes el Grande?"*, preguntó Chúa.

- Después que murió Herodes no mejoraron mucho las cosas. Como dice el dicho: 'hijo de tigre, pintito'. El país quedó repartido en tres tetrarcas, cada uno con su territorio aparte:

  * Arquelao: Judea, Samaría e Idumea.
  * Herodes II (Antipas): Galilea y Perea (al otro lado del Jordán).
  * Felipe o Filipo: Región al norte de Galilea.

Ese Arquelao era malo y represivo: 'Pero José, al enterarse de que Arquelao reinaba en Judea, en lugar de su padre Herodes, tuvo miedo...' (Mt 2,22). Los mismos romanos removieron a Arquelao porque causaba demasiado malestar y mejor pusieron un procurador romano, Pilato, que fue el quinto procurador. A Pilato, como sabemos, le tocó el juicio de Jesús.

El procurador romano vivía en la ciudad de Cesarea, pero subía a las fiestas cuando había concentración de gente, con fuerzas militares para evitar cualquier disturbio. Tenía mucho poder. Por ejemplo, tenía poder de nombrar y quitar a los Sumos Sacerdotes.

Otra cita del Evangelio nos descubre dónde estaba concentrado el poder cuando juzgaron, condenaron y asesinaron a Jesús: "Pronto, al amanecer, prepararon una reunión los sumos sacerdotes con los ancianos, los escribas, y todo el Sanedrín y después de haber atado a Jesús lo llevaron y entregaron a Pilato" (Mc 15,1). Esto quiere decir que la máxima autoridad política dentro de la nación era el Sanedrín. Estaba formado por 71 miembros. Eran en su mayoría saduceos, sumos sacerdotes y algunos escribas y fariseos más pudientes. Tenían autoridad para juzgar y condenar en lo civil, religioso y criminal. Sin embargo, en casos más especiales, y para condenar a muerte, estaban subordinados al Imperio Romano.

- "Y ¿en tiempo de Jesús, había escuela?" Esta fue la pregunta de Carmelita, que estudia secundaria.

- "Sí, había escuelas bíblicas donde los niños estudiaban hebreo para poder leer la Escritura. Esas escuelas bíblicas estaban en las sinagogas y las dirigían los doctores de la ley. Para llegar a ser doctor de la ley, tenían que estudiar bastante y se recibían cuando tenían 40 años. Esos escribas tenían una gran influencia en la formación ideológica y de la conciencia del pueblo, por medio de la interpretación que hacían de la ley en las sinagogas. Ahí se reunían los sábados a estudiar la Palabra de Dios y celebrar el culto. El templo tenía una gran fuerza ideológica, pero como muchos judíos vivían en la diáspora, es decir, dispersos y fuera de su tierra, las sinagogas fueron cobrando mayor fuerza. Los fariseos eran un grupo de judíos piadosos, observantes, que trataban de vivir en comunidad, pero que se fueron separando mucho del pueblo. Por su prestigio, tenían mucha influencia doctrinal y moral".

Don Bartolo preguntó: "¿Qué pasó con el pueblo creyente después de la muerte de Jesús?"
- "Tanto los judíos no creyentes, como Nerón, el emperador romano, persiguieron a los cristianos". En el año 63, los zelotes se volvieron a rebelar y tomaron el poder en el año 66, pero en el 70 los romanos destruyeron totalmente Jerusalén. En el 90, Domiciano, emperador romano volvió a perseguir a las comunidades cristianas.

Otro poco de la Situación Social

Para profundizar más en la sociedad, propondremos una dinámica: La dinámica de la Pirámide Social en tiempos de Jesús. Ahí estudiaremos la situación social, los grupos y clases sociales y los tres aspectos de la Pirámide Social: El económico, el político y el ideológico. Luego, por grupos, veremos más estas realidades. Esta Pirámide Social es de muerte, aplasta, mata lo que hay en el Libro de la Vida. Es semejante a la que encontramos en Egipto, cuando el faraón oprimía y explotaba al pueblo de Dios. Es semejante a la pirámide que ahora aplasta, mata a nuestros pueblos.

Dinámica: La Pirámide Social

Material:
* Una silla.
* 10 tortillas o galletas.
* 10 voluntarios.

Objetivo:
Que logremos conocer más profundamente la situación de opresión económica, política y social en tiempos de Jesús.

Explicación general:
Decimos que la sociedad se parece a una pirámide, 'La Pirámide Social'.

En la pirámide social encontramos en la BASE a muchas personas oprimidas por los pocos que están encima. La pirámide refleja y nos ayuda a ver los estratos y niveles de personas y grupos.

Desarrollo de la dinámica:
Las diez personas se colocan en un lugar adecuado. Una persona se pone de pie sobre una silla, otras dos a su lado están de pie también. Las otras siete se colocan al frente en el suelo. Cada persona representa el 10% de la población. Las diez tortillas

representan todos los bienes y recursos económicos del país. Si hubiera una justa distribución de la riqueza tocaría poco más o menos una tortilla por persona.

¿Cómo está la distribución de la riqueza en México, en Latinoamérica y el Mundo?

Según los datos oficiales del Gobierno Mexicano vamos a ver cuántas tortillas o pedazos les toca a las personas de la Pirámide Social.

Le vamos dando a quien está arriba, allá encima, una, dos, tres, cuatro, cinco, seis tortillas. Le damos una tortilla a cada una de las dos personas que están de pie. ¿Cuántas tortillas quedan? ¿Para cuántos? Y así vamos repartiendo media tortilla, un tercio, un cuarto o unas migajas a los empobrecidos, marginados, excluidos de la mesa de la economía nacional. El 10% de la población se lleva el 60% de los bienes y el 70% de la población solamente y apenas el 20%.

¿Qué nos parece esta situación socio-económica?
¿Cómo juzgará Dios esta distribución de los bienes que él da para todos sus hijos?

Muchas son las causas y las consecuencias de esta situación de Pirámide Social. La Palabra de Dios ilumina, denuncia esta situación.

La manera de leer la Biblia, aunque el libro sea el mismo, es muy distinta según el lugar donde estemos ubicados en la Pirámide Social. Podemos considerar varios niveles de pirámides: local, nacional, latinoamericano y mundial. En todos lados hay pirámide social y pésima distribución de los bienes. Los países del sur están en la base de la pirámide y unos pocos países del norte están en la cima.

La Pirámide Social tiene tres caras: la económica, la política e ideológica y que la situación piramidal se da en el tener, en el poder y en el saber donde muchos son excluidos de los bienes necesarios para satisfacer sus necesidades.

Podemos considerar que hay una pirámide de las necesidades y la pirámide de los bienes, las cuales están contrapuestas como veremos en el dibujo. La pirámide de las necesidades tiene una base muy amplia y al revés la pirámide de los bienes tiene una base muy estrecha.

Todo esto sucede porque la pirámide de los bienes y la de las necesidades están encontradas. Las personas humanas tienen necesidades para vivir y les hacen falta bienes para satisfacer esas necesidades. Hay dos tipos de pirámides, una pirámide de las necesidades y otra pirámide de bienes.

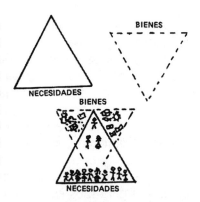

Muchas personas (70%) tienen muchas necesidades, tienen pocos bienes (20%), y pocas personas (10%) tienen pocas necesidades, tienen muchos bienes (60%)

Esta situación no se da al caso, por la buena suerte de estar arriba o por la mala suerte de estar abajo, ni por voluntad o castigo de Dios. No. Esto se da por mecanismos injustos donde los engranajes de lo económico (tener), lo político (poder) y lo ideológico (saber) se apoyan mutuamente para sostener esta situación de pecado, que es contraria al proyecto de Dios y al bien del pueblo.

La pirámide social en tiempos de Jesús

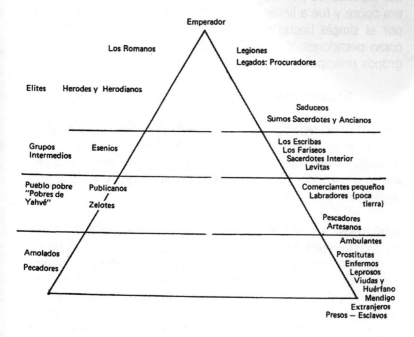

Veamos cómo están ubicados las personas y grupos sociales en tiempo de Jesús. Encima, los romanos y herodianos, ancianos y jefes del pueblo, saduceos y sumos sacerdotes. En medio, los escribas, fariseos y sacerdotes del interior. En la base levitas, comerciantes, labradores, pescadores, artesanos y ambulantes. En los sótanos de la pirámide: prostitutas, enfermos, leprosos, viudas, huérfanos, mendigos, extranjeros y presos.

¿Para que nos sirve conocer la Pirámide Social en tiempos de Jesús?

Tener un análisis socio-económico de la situación piramidal en tiempo de Jesús nos ayudará a conocer a Jesús y comprender los motivos por los cuales crucificaron, mataron a Jesús. Él era pobre y fue a llevar una buena noticia a los pobres, quienes por el simple hecho de serlo, eran injustamente condenados como pecadores. Veremos en seguida algunos datos sobre los grupos principales en tiempos de Jesús.

Grupos principales en tiempos de Jesús

Herodianos: Políticamente alrededor del rey Herodes, sumisos al poder romano para defender sus propios intereses. Estaban acomodados; no tenían esperanza mesiánica. Por miedo a perder el poder se alían a los enemigos y en contra de Jesús. (Mc 3,6 y Mt 22,16).

Saduceos: Se decían descendientes de Sadoc, un sumo sacerdote en tiempos de David. Es el grupo aristocrático, latifundista, al cual pertenecían los sumos sacerdotes y tenían el dominio político del Sanedrín. No creen en la resurrección de los muertos, y su esperanza en el Mesías es nula, pues la tenían puesta en sus riquezas materiales. Son oportunistas y conviven con las grandes autoridades romanas y herodianas. También los saduceos atacan a Jesús. (Mt 22,23).

Escribas: Son los maestros o doctores de la ley. Entre ellos algunos eran sacerdotes, o fariseos o simples laicos o sea, personas del pueblo. Traducían y enseñaban las escrituras. Hacían funcionar las sinagogas con sus escuelas bíblicas. Algunos de ellos estaban ligados a la clase dominante y otros eran más contestatarios. Probablemente esperaban como Mesías un gran maestro de la ley. Al ver a Jesús, lo critican y mal juzgan. (Mc 2,6-12).

Fariseos: Un grupo formado por unas 6,000 personas que procuraban vivir la ley con rigor, lo cual los separaba del resto del pueblo. Este grupo comenzó desde el tiempo de la revolución macabea, cuando hombres piadosos se opusieron a la invasión de la cultura griega para defender su fe y sus costumbres. Los fariseos distribuían el día muy ordenadamente: 8 horas de trabajo, 8 de oración y estudio de la ley y 8 horas de descanso. Eran respetados por el pueblo. Su propósito era hacerse justos personalmente, y esto, por su propio esfuerzo personal en cumplir la ley. Descuidaban la justicia y la misericordia. Esperaban un Mesías que fuese un Rey piadoso que reinara en un Israel sin paganos. Los fariseos acechan a Jesús y se escandalizan de Él. (Mc 2,18-22).

Esenios: Era un grupo que había pertenecido a los fariseos piadosos. Se separaron de ellos porque eran más radicales en cumplir la ley, sobre todo en su nacionalismo, o sea, que por ser fieles a su pueblo, no aprobaban ciertas alianzas con los romanos o grupos aliados a éstos. Hasta en la muerte querían protestar y por eso, en vez de enterrar a los muertos con la cabeza hacia Jerusalén, los enterraban de modo contrario. Los esenios prefirieron retirarse a vivir en cuevas una vida monacal de muchísima observancia. Esperaban una ya próxima venida del Mesías como Maestro de Justicia y Sacerdote que purificara y ensalzara al Templo.

Sacerdotes: Eran unos 7,200 organizados en 24 turnos de servicios semanales en el Templo. Ahí, en el Templo, se hacían tres turnos diarios. Muchos de ellos vivían en el interior de Palestina, en pequeñas aldeas y formaban parte de los sacerdotes pobres. Por ejemplo, Zacarías, papá del Bautista, es uno de ellos. Quizá esperaban un Mesías sacerdote que sentara su poder en el Templo.

Zelotes: Grupos de nacionalismo radical y violento. Querían una nación libre e independiente Y se oponían a los romanos y a las autoridades que se habían entregado al Imperio. Como hemos visto, varias veces se levantaron y fueron oprimidos. Querían un Mesías guerrero que dirigiera la lucha de liberación nacional.

Publicanos: Personas que ayudaban a cobrar los impuestos. Por eso eran mal vistos y juzgados como pecadores. Aunque en su mayoría eran como empleados públicos, sin tener una posición alta dentro de la pirámide social.

Grupos de trabajo

Nota: Este trabajo por grupos se puede omitir si el tiempo es poco y recargado. Pretendemos dar más elementos sobre tres situaciones sociales: la economía, la política y la ideología.

Formamos tres grupos para analizar uno de los tres temas propuestos sobre la Pirámide Social.
Nos ayudamos de las siguientes preguntas para centrarnos mejor en la realidad:

1. ¿Qué personas o grupos principales de la pirámide intervienen en este aspecto social.
2. ¿Qué influencia tenían en el Templo en este aspecto que estamos estudiando?
3. ¿Cuáles eran los dos problemas principales de ese aspecto en el tiempo de Jesús?

Buscar o recordar citas o pasajes del Evangelio que den luz sobre el aspecto que les tocó.

Grupo 1: **Aspecto económico de la Pirámide**
La Agricultura era más importante en Galilea y Samaría donde estaban las mejores tierras. Producían trigo, cebada, olivos, frutas, vino, legumbres.

La ganadería era más importante en Judea: bueyes (usados para el sacrificio en el Templo), camellos y burros para el comercio; y el ganado menor: ovejas y cabras.

160

La pesca era muy importante en el lago de Galilea.

El artesano se hacía en las ciudades y aldeas: jarros, platos, tejidos, aceite, cremas, perfumes... (Muchos objetos se hacían para el culto del Templo). Los impuestos eran muchos y pesados y no eran para el bien público, pues salían hacia Roma o bien para Jerusalén, para el Templo y manutención de los sumos sacerdotes.

El Comercio y el Banco estaban también muy centrados y dependientes del Templo. Se compraban a muy alto precio los animales para sacrificios, y también las monedas para el impuesto y otros cambios o trueques. Con los ingresos se formaba el tesoro del Templo, de donde salían los gastos para obras públicas: acueductos, murallas, calles.

Resumiendo:

En lo económico, había un pequeño grupo de saduceos, sumos sacerdotes y herodianos, quienes eran dueños de los latifundios, controlaban el Templo, y por lo tanto, el comercio, la banca y los bienes públicos, mientras la gran masa del pueblo era pobre y marginada. La tierra ya no era de Israel sino del Imperio Romano.

Responder las preguntas planteadas al principio.

Grupo 2: **Aspecto político de la Pirámide**

Los romanos tenían el poder efectivo de la provincia de Siria. En Judea ejercían un control más cercano por medio del procurador. Por eso Pilato salía de Cesarea en las grandes fiestas con piquetes de soldados para evitar disturbios en la capital. Los romanos tenían autoridad de quitar y poner sumos sacerdotes. Esto era una afrenta para los judíos piadosos y nacionalistas. Tenían también poder de condenar a muerte de cruz.

El Sanedrín era un consejo radicado en Jerusalén. Estaba integrado por miembros y sumos sacerdotes, ancianos (en su mayoría saduceos) y escribas. Tenía facultades para juzgar, condenar y conducir el rumbo de la nación. Era un tribunal en lo criminal, en lo político y en lo religioso. Anás fue sumo sacerdote y duró muchos años en el poder. Estaba puesto y apoyado por Roma.

El templo también tenía fuerza política porque sus principales autoridades lo eran también del Sanedrín y por la importancia económica. Ahí estaba la sede central del gobierno de Palestina.

Responder las preguntas planteadas al principio.

Grupo 3: **Aspecto ideológico de la Pirámide**

Los fariseos y los escribas eran las personas que tenían más **influencia en la formación de la mentalidad y conciencia del pueblo.** Esto lo hacían a través del Templo, y sobre todo en las sinagogas, que estaban desparramadas por todos los pueblos y aldeas de Palestina y también de otros países y lugares donde había judíos: Influían especialmente por medio de las interpretaciones que se hacían de la Torá o Ley del pueblo, y Escritura. Y así surgían distintas corrientes mesiánicas, apocalípticas.

El Templo tenía una fuerza simbólica para identificar y unificar aún en la dispersión, -'Diáspora'- a la nación judía y esto, como se ha dicho, reforzado por la Ley y su interpretación. Los varones judíos tenían que asistir a las fiestas religiosas que se celebran en el Templo de Jerusalén, por lo menos una vez cada año.

Responder las preguntas planteadas al principio.

CONCLUSIÓN:

¿Cuáles son los puntos claves y dónde se apoya la Pirámide en tiempo de Jesús?

Vimos que en toda la Pirámide Social hay una trabazón entre las tres caras, o aspectos: lo económico, lo político, lo ideológico y en cada sistema hay piezas claves que juegan un papel decisivo en la sociedad. En Palestina, una pieza clave es el Templo porque afecta los tres aspectos y todo el conjunto. Es necesario tenerlo en cuenta para comprender las actitudes, las pala-bras y acciones de Jesús ante el Templo y también la reacción que provocaron en los que controlaban y dominaban el TEMPLO. Esta fuerza del Templo en la conciencia nacional centralizaba y acrecentaba el Poder de Jerusalén y del grupo dominante. Por eso cuando lo apresaron, lo acusaron con falsos testimonios, como destructor del Templo: "Este ha dicho: Puedo destruir el Templo de Dios y reconstruirlo en tres días" (Mt 26,61).

La Pirámide Social es de muerte, aplasta, oprime al pueblo y mata a Jesús.

LA RUEDA DE LA VIDA DE JESÚS

"...Cómo Dios, a Jesús de Nazaret, lo ungió con el Espíritu Santo y con poder, y cómo Él pasó haciendo el bien y curando a todos los oprimidos por el diablo; porque Dios estaba con Él; y nosotros somos testigos de todo lo que hizo en la región de los judíos, y en Jerusalén; a quien mataron colgándolo de un madero; pero Dios lo resucitó al tercer día..."(Hch 10,38-40).

Jesús pasó la vida haciendo el bien en los varios momentos de su vida: infancia, vida pública, muerte y resurrección. Jesucristo es la Pascua, el paso de Dios por nuestro mundo, por nuestras vidas.

¿Qué momentos, etapas y acontecimientos nos parecen más importantes en la vida de Jesús?

Recoger algunos comentarios, respuestas como lluvia de ideas.

Explicación general de la Rueda de la vida de Jesús

Presentamos en el curso un resumen de la vida de Jesús. Vamos a recorrer el camino de Jesús, marcando seis etapas principales. Destacaremos algunas huellas más profundas de sus pasos. Explicaremos estas etapas con la imagen de una 'rueda'. La rueda de la vida de Jesús.

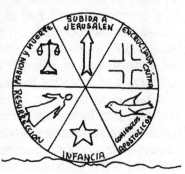

La vida humana va dando vueltas y tiene sus cambios. La rueda de la vida de Jesús no es como esas ruedas de la fortuna en los circos que giran y giran en el aire, sino que pisa y se afirma sobre la realidad de su tierra y de su tiempo; Avanza a pesar de los obstáculos y nos deja huellas para que podamos seguir a Jesús y su camino.

Vamos a recorrer el camino de Jesús señalando seis etapas principales de su vida desde su Encarnación hasta su Ascensión a los cielos. Propongo, en cada etapa, una figura simbólica para comprender y recordar los hechos principales vividos por Jesús.

1. **'La infancia y vida oculta'.** La figura simbólica es 'la estrella'. Símbolo de luz que guía hacia Jesús. En esta etapa recordamos el nacimiento, la infancia y la juventud de Jesús.
2. **'Los comienzos apostólicos'.** Figura: la paloma, símbolo del Espíritu Santo, quien confirma la misión de Jesús y lo conduce. En esta etapa recordamos su actividad misionera en Galilea.
3. **'La encrucijada crítica'**: Figura: un crucero de caminos que simboliza los caminos que se le presentan a Jesús y la opción o elección que hace.
4. **'La subida a Jerusalén'.** Figura: una flecha para simbolizar el anhelo apasionado de Jesús por llegar a su meta, al final de su camino.

5. **'La Pasión y Muerte'**. Figura: la balanza, que simboliza la justicia, nos recuerda los injustos motivos: religiosos y políticos por los que condenaron a Jesús a morir en la Cruz.
6. **'Las llagas gloriosas'**. Figura: Un hombre con cinco llagas gloriosas para simbolizar al Señor Jesús Resucitado y sus actitudes con las que se hace presente a la comunidad.

Nota: Quien da el curso puede explicar y ampliar más sobre cada etapa y relacionarlas y eslabonarlas para presentar una visión de conjunto. Pero debe ser breve y sobre todo no absorber sino sólo facilitar el trabajo por grupos, pues al final en el plenario podrá retomar lo aportado por los grupos y reforzará esta historia y el camino de Jesús. Esta Pascua, pasos y huellas, será el cimiento del barrio de los Evangelios.

Dinámica: la rueda de la vida de Jesús:

Objetivo:

Se trata de que los participantes del curso logren tener una mejor visión de conjunto de la vida de Jesús y un conocimiento más situado y ordenado de las etapas de su camino.

Material:

Hay que conseguirlo y/o elaborarlo con anterioridad.
* Pintar en una tela la Rueda de la Vida de Jesús con las seis figuras simbólicas para tener esa visión de conjunto.
* Conviene dibujar en tela o cartulina (protegida con plástica) seis gajos y en cada uno de ellos se dibuja la figura simbólica de las seis etapas del camino de Jesús. Si no hay dibujos, al menos tener el número y título de cada etapa para entregarlo a cada grupo.
* Gis o cal para dibujar en el suelo, en un lugar apropiado, patio o salón, una gran rueda con sus seis gajos para hacer ahí el plenario.

Desarrollo de la dinámica:

Después de que el que dirige el estudio da una explicación general sobre la Rueda de la Vida de Jesús, dará los siguientes pasos: (Puede aclararse que los datos que se presentan como históricos están tomados de los mismos Evangelios y por tanto, matizados por la reflexión teológica del evangelista, como se verá más adelante).

Se formarán seis grupos (del 1 al 6):

G1: Estrella.

G2: Paloma.

G3: Encrucijada.

G4: Flecha.

G5: Balanza.

G6. Llagas gloriosas

(Facilita mucho para organizar y formar los grupos el hacer series de papeletas del 1 al 6).

Grupos de trabajo

Cada grupo debe buscar en el libro del Poblado de la Biblia la etapa que le tocó y reflexionar el texto bíblico del encabezado. Se harán dos o tres preguntas iniciales como orientación para interesarnos en el tema. Leemos, dialogamos sobre el comentario propuesto en nuestra etapa. Leemos el texto sugerido. Nos preguntamos sobre este texto: ¿Qué personas aparecen, qué hacen y qué dicen?

Finalmente para profundizar y concluir sobre el conjunto de la etapa respondemos las preguntas propuestas al inicio. Concluimos con una pregunta para vivir esta etapa hoy.

Nota: No querer buscar todas las citas que se proponen en el tema, sino sólo el texto sugerido.

Preparación de las tres tareas del plenario:

A) El grupo escogerá una o algunas escenas para presentarlas con brevedad en teatro bíblico (no hacer socio drama) para que los otros grupos conozcan algunos hechos vividos por Jesús en esa etapa. (Nota: Si no se hace teatro bíblico al menos narrar algunos hechos principales).

B) El grupo explicará el significado de la figura simbólica.

C) Compartir el compromiso del grupo para actualizar y vivir la etapa que nos tocó recorrer.

Primera etapa: Grupo Estrella
LA INFANCIA Y VIDA OCULTA DE JESÚS

" ...vinieron unos Magos de Oriente a Jerusalén preguntando: ¿Dónde está el rey de los judíos que ha nacido? Porque hemos visto su ESTRELLA en Oriente y hemos venido a adorarle" (Mt 2,2-3).

Preguntas para ambientar el estudio de esta primera etapa.

1. ¿Cuáles son las circunstancias del nacimiento y de la infancia de Jesús?
2. ¿Cuáles son las actitudes de los que buscan y se acercan a Jesús Niño?
3. ¿Cómo Jesús vivió su juventud?

Comentario:

La vida de Jesús empieza el día de su Encarnación cuando María, con su sí confiado e incondicional, acepta darle carne y vida, por el Espíritu, al Hijo del Eterno Padre (Lc 1,26-38).

Jesús nace en un pesebre en Belén de Judá, allá en los tiempos de César Augusto, emperador romano (Lc 2,1-7). Nace pobre y entre los pobres.

Los primeros que llegan a visitarle y conocerle son unos pobres pastores de la región (Lc 2,15-20). El Niño es circuncidado y presentado en el Templo, ahí se encuentran Simeón y Ana quienes esperan la salvación de Israel (Lc 2,2.21 ss).

Después llegan unos magos de Oriente guiados por una estrella. Son de países extranjeros. Herodes y las autoridades religiosas de Jerusalén se perturban y buscan al Niño para eliminarlo (Mt 2,1-12). (Se llamaba 'magos' a hombres sabios que

167

estudiaban e interpretaban los signos de la vida, como las estrellas y otros acontecimientos de la historia).

José tiene que huir y llevar al Niño Jesús y a su Madre a Egipto. Viven como advenedizos en tierras extranjeras. Algún tiempo después regresan a la patria, pero no se pueden quedar en Jerusalén, porque, con Arquelao, hijo de Herodes, sigue peligrando la vida de Jesús (Mt 2,13-23). Los que están encima de la pirámide, en su afán de poder, serán los enemigos de Jesús.

Jesús vivió en Nazaret casi toda su vida, ahí se crió y de los seis a los doce años cumplidos asistió a la escuela bíblica de la sinagoga. Aprendió a trabajar y se hizo carpintero y artesano. María y José le acompañaban de cerca, le cuidaban y enseñaban muchas cosas de Dios, del trabajo y de la vida del pueblo. Cumplidos los doce años lo llevaron a la fiesta de la Pascua en Jerusalén (Lc 2,41-52).

¿Qué hizo Jesús después de los trece años? (Hay varios comentarios falsos y engañosos: Jesús se fue a la India para aprender a ser 'fakir' y soportar el dolor, o se fue a Egipto a cargarse de energía bajo las pirámides).

Jesús, como nos dice el Evangelio volvió a Nazaret y vivía obediente a sus padres, en una vida de familia, trabajo y oración. Jesús fue creciendo en estatura, sabiduría y gracia, delante de Dios y de los hombres, aprendiendo en la 'Escuela de la Vida'.

María observaba la vida del niño, del adolescente y del joven Jesús, la guardaba en su corazón y la recordaba con ella misma, con otros y seguramente con el mismo Jesús.

A esta etapa también se le llama la vida oculta de Jesús. Con frecuencia se ha pensado que Jesús vivió este tiempo encerrado, aislado del mundo. No; no fue así. Jesús fue un artesano y vivió con toda naturalidad su vida. Ahí en el trabajo, en la lucha por ganar el pan de cada día fue observando mucho, aprendiendo mucho de la vida humana, del sufrimiento de los pobres, de la vida de su pueblo. Su lenguaje es muy popular, lleno de comparaciones, de parábolas, de vida, de sabiduría popular. También Él iba aprendiendo a conocer a Dios, a amarlo. Se iba preparando para cumplir su misión.

"Mientras tanto, Jesús crecía, se iba haciendo hombre hecho y derecho tanto para Dios como para los hombres" (Lc 2,52).

Texto sugerido: Lc 2,6-21 y/o Mt 2,7-23.
Responder las preguntas del principio.

Contenido del símbolo:

La estrella simboliza esa luz que nos ilumina el camino y nos guía hacia Jesús. La estrella tiene cinco puntas o picos donde podemos representar a cinco tipos de personas que buscan o rodean a Jesús con diferentes motivos y, son ya como un preanuncio de cómo los hombres se colocarán ante Jesús a lo largo de su vida y a la vez es como una tarjeta de identidad de Jesús.

En la punta 1: Está Dios Padre quien anuncia a María, por medio del arcángel Gabriel, que había sido elegida para ser la Madre de Dios. Y está el Espíritu Santo, por obra de quien se realiza la Encarnación del Hijo de Dios. Esto nos revela que Jesús es verdadero Dios.

En la punta 2: Está María y José y su familia humana Isabel, Zacarías, Juan. Esto nos revela que Jesús pertenece a la familia humana, que es verdadero Hombre.

169

En la punta 3: Los pastores representan a todos los pobres por quien viene Jesús. Él, es pobre, nace y vivirá como pobre y tiene una opción preferencial por los pobres.

En la punta 4: Los magos representan a los extranjeros que irán buscando a Jesús. A hombres y mujeres de buena voluntad que se convierten de corazón a Dios y a sus hermanos.

En la punta 5: Herodes representa a todos los enemigos que buscan a Jesús para eliminarlo, para matarlo. Jesús es 'Signo de contradicción' unos lo rechazarán y otros lo recibirán.

¿De qué manera nos ayuda hoy, a nosotros, lo que vivió Jesús en esta etapa de su vida?

Preparación para el plenario:

Después de leer el comentario, meditar el texto sugerido, responder las preguntas, estudiar el significado de la figura simbólica preparamos las tres tareas:

A: Teatro Bíblico.

B: Explicación de la figura simbólica.

C: Actualización de la etapa.

Segunda etapa: Grupo Paloma
LOS COMIENZOS APOSTÓLICOS

"Bautizado también Jesús... y mientras Jesús...estaba orando, se abrieron los cielos y el Espíritu Santo bajó sobre Él en forma de paloma. Y del cielo llegó una voz, 'Tú eres mi Hijo, el amado, tú eres mi Elegido' " (Lc 3,21 y 22).

Preguntas para ambientar el estudio de esta segunda etapa de la vida de Jesús.

1. ¿Cuáles son las actividades principales de Jesús en los comienzos apostólicos?
2. ¿De qué manera atiende a las necesidades y peticiones del pueblo?
3. ¿Cuáles son las reacciones que provoca?

Comentario:

Jesús tenía unos 30 años cuando comenzó su misión apostólica pública (Lc 3,23). Sale de Nazaret y va al Río Jordán donde es bautizado y acepta su vocación de Mesías Siervo como: Profeta, Maestro y Pastor. Impulsado por el Espíritu pasa al desierto, para hacer los últimos preparativos de su misión, ahí fue tentado (Mt 4,1-11). Tres son las tentaciones: convertir las piedras en pan; el ser dueño, con un poder mundano, de ciudades y naciones; arrojarse desde la torre del Templo, ganando la aclamación triunfalista y la fama. Tres tipos de tentaciones: tener más, poder más y amarse más.

Estas tentaciones se refieren a las distintas posibilidades y alternativas que Jesús tenía para realizar su misión. Jesús conoce al pueblo y sabe que hay necesidades materiales y se le presenta, al menos como tentación, el querer entrar como un súper héroe paternalista a resolver esas necesidades, a hacer una obra grandiosa para que el pueblo lo siga. Ante las ansias de los zelotas y nacionalistas se le podía ofrecer la tentación de entrar como líder para que el pueblo conquistara el poder político dominador. Y ante las esperanzas de los fariseos, esenios y escribas podía tener la tentación de entrar desde el Templo, como un gran doctor de la ley antigua. Estos caminos habrían gustado a los poderosos, quienes se habrían afianzado más y Jesús no habría entrado en tantos conflictos.

Pero Jesús, en su vida, era un pobre campesino, laico, y comprendió la novedad del Proyecto de su Padre, que quería y quiere hacer realidad el Reino de los cielos en la tierra, desde los pobres. Jesús va por el camino humilde del servicio al Reino, cumpliendo siempre la voluntad de su Padre, e impulsado por el Espíritu para hacer el bien y liberar a su pueblo desde dentro y en todo. Su Reino aporta nuevas soluciones ante la situación social. Ante lo económico: el compartir para tener lo necesario; en lo político: participar como servicio y en lo ideológico: concientizar con la verdad.

Jesús no quiso hacer su trabajo solo, sino que eligió y convidó a los apóstoles para formar un grupo misionero, a quienes mandó a misionar. Realiza en fermento la fraternidad en la Comunidad Apostólica (Mt 10,1-15). Jesús también recorre pueblos aldeas, ciudades, sobre todo de Galilea, enseñando su doctrina, curando enfermedades y dolencias de todo tipo, luchando para sacar el mal de los hombres y del pueblo (Mc 1,32-40).

Jesús, al comienzo, trabaja principalmente en Galilea. Tiene su casa en Cafarnaúm (Mc 2,1). A veces deja Galilea para subir a las fiestas en Jerusalén (Jn 2,23-25). En esta etapa Jesús hace muchos milagros, predica mucho y le sigue mucho pueblo.

También en ocasiones entra de paso por Samaria (Jn 4,1-10).

El éxito de los comienzos provoca envidias y conflictos por motivos de la ley, del sábado, del ayuno, del perdón de los pecados y empieza la persecución a muerte (Mc 3,6 y Mc 12,13). Los fariseos, se hacen aliados de los Herodianos, aunque eran enemigos entre sí, para tener más poder contra Jesús.

Poco a poco Jesús empieza a retirarse de Galilea, y procura salir a otros pueblos extranjeros. Parece que va terminando esta etapa de los comienzos apostólicos.

"Y partiendo de ahí se fue a la región de Tiro. Se marchó de la región de Tiro y vino de nuevo, por Sidón, al mar de Galilea, atravesando la Decápolis" (Mc 7,24.31).

Textos sugeridos: Mc 1,40-45 y/o Mt 4,1-25. Responder las preguntas del principio.

Contenido del símbolo:

La paloma simboliza al Espíritu Santo quien confirma e impulsa a Jesús en su misión.

Podemos considerar 5 partes del cuerpo de la paloma, que nos van a ayudar para memorizar 5 realidades o acciones importantes de Jesús en sus comienzos apostólicos.

El cuerpo de la paloma: Las MISIONES que Jesús hace y a las cuales envía a los discípulos. Las misiones son lo más característico de esta etapa.

La cabeza: La oración que Jesús hace en su Bautismo (Lc 3,21), en el desierto, al elegir a sus discípulos (Lc 6,12), en su apostolado (Mc 1,35).
El ala derecha: Los milagros, las obras que hace (Mc 1,32. Mt en los capítulos 8 y 9 cuenta 10 milagros).

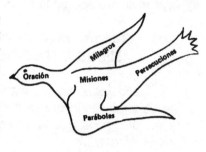

Los milagros son como gestos de amor y solidaridad de Dios hacia los marginados. Estos beneficios deben ser vistos como señales de la llegada del Reino.
Milagro: Señal, fuerza, cosa admirable para revelar. Por tanto buscar su significado y su mensaje.

El ala izquierda: las parábolas que enseña Jesús sobre el Reino (Mt 13).

En la cola: las persecuciones que sufre desde el principio (Mc 3,1-6). Atrás de la misión liberadora vienen los conflictos y persecuciones.

¿De qué manera nos ayuda a vivir hoy, lo que Jesús vivió en esta etapa de su vida?

Preparación para el plenario:
Después de leer el comentario, meditar el texto sugerido, responder las preguntas, estudiar el significado de la figura simbólica preparamos las tres tareas:

A: Teatro Bíblico.
B: Explicación de la figura simbólica.
C: Actualización de la etapa.

Se prepara una representación para la rueda de la Vida de Jesús: Un cuadro plástico que como fotografía muestre alguna escena importante de la etapa que estudiamos. Deberán saber explicar el significado de la figura simbólica.

Tercera etapa: Grupo Encrucijada
JESÚS ANTE CUATRO CAMINOS

"Salió Jesús con sus discípulos hacia los pueblos
de Cesarea de Filipo, y por el camino hizo esta pregunta
a sus discípulos: ¿Quién dicen los hombres que Soy Yo?
Ellos le dijeron: Unos: que Juan el Bautista, otros que Elías,
otros que uno de los Profetas. Él entonces les preguntó:
Y ustedes ¿quién dicen que Soy Yo?" (Mc 8,27-29).

Preguntas para ambientar el estudio de la tercera etapa (precisar al final).
1. ¿Cuál es esa encrucijada crítica en que está Jesús?
2. ¿Por qué quiere saber, evaluar lo que piensan el pueblo y los apóstoles de Él?
3. ¿Cuál es el nuevo rumbo o plan con que quiere continuar su camino?

Comentario:
Jesús se retira un poco de Galilea y de la actividad misionera. Quiere hacer un alto en el camino para evaluar los resultados, la situación, y así buscar, planear los futuros caminos de acción.

Descubre que muchos le siguen por interés, conveniencia, sin comprender bien. Jesús quiere cuestionar a sus discípulos para confirmarlos en la fe.

Ellos creen en Él: Tú eres el Cristo, el Hijo de Dios.

Se dedica intensamente a preparar a sus apóstoles y a formar la comunidad eclesial (Mt 6,16-20). Les habla de cosas serias y difíciles que tendrán que enfrentar en el camino y les revela lo que le va a pasar: prisión, tortura, muerte de cruz, aunque resucitará. Pedro se escandaliza. Los demás no entienden.

Jesús pone en claro las difíciles condiciones para seguirlo: dejarlo todo, tomar la cruz, jugarse y perder la vida para ganar la vida que Él les dará. (Lc 9,23-26).

Jesús necesita animar, fortalecer, confirmar a sus discípulos y por eso convida a sus tres amigos predilectos, Pedro, Juan y Santiago a orar y ahí se transfigura, y Él mismo es confirmado en su misión; la ley -Moisés- y los profetas -Elías- avalan su camino (Mc 9,2-8). Su Padre le apoya, continúa el rumbo marcado por el camino de Israel.

El camino de Jesús, es el camino de la fraternidad, el servicio humilde y amoroso para vivir como hermanos, hijos de un Padre común y así cumplir el Proyecto de Dios.

Jesús vuelve a anunciar una segunda y una tercera vez su pasión y muerte (Mc 9,30-32 y 10,32-34). La Pirámide Social aplastará a Jesús, cargándolo con una cruz y asesinándolo.

En el camino de Jesús, como en el camino de Israel, hay muchas tentaciones y dificultades para perseverar. El camino de la liberación del pueblo atraviesa por el desierto, no se puede acumular maná, a veces aburre el comerlo. Ante esta realidad, muchos empiezan a abandonar a Jesús; se escandalizan y no quieren seguirlo. Los distintos grupos de la sociedad de Israel tienen distintas expectativas y esperanzas del Mesías y no comprenden, rechazan y persiguen a Jesús. "A partir de este momento, muchos de sus discípulos dieron un paso atrás y dejaron de seguirlo. Jesús preguntó a los Doce apóstoles: "¿también ustedes quieren marcharse?" (Jn 6,67-69).

Textos sugeridos: Mc 8,27-33 y/o Mc 9,2-10, Mt 17,1-8.
Ahora contestar con más precisión las preguntas del principio.

Contenido del símbolo:

Una encrucijada crítica donde Jesús en su caminar se encuentra con cuatro caminos, con cuatro posibilidades de caminar. Por eso detiene su paso, pregunta, evalúa, busca cumplir la voluntad de su Padre y hacer posible el Reino.

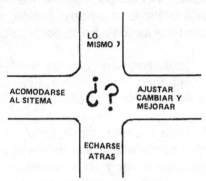

1. Un camino es seguir lo mismo, lo rutinario y de la misma manera. O sea seguir igual que en la segunda etapa donde muchos no se convierten.
2. Otro camino es el de echarse atrás (aunque Él mismo exige que quien ha puesto la mano en el arado no debe volver atrás). O sea como regresar a su casa, a la primera etapa.
3. Un tercer camino es el de acomodarse al sistema para apaciguar los conflictos y quedar tranquilo. No enfrentar a fariseos, maestros de la ley y demás poderosos. Por eso se molesta mucho con Pedro que le tienta para no tomar el camino de la cruz (Mc 8,32-33).
4. El cuarto camino es ajustar o modificar el camino para renovar su pastoral. Ya no quiere hacer muchos milagros y predicar a masas, sino más bien dedicarse a instruir a los 12 apóstoles y prepararse para subir a Jerusalén, para enfrentarse abiertamente al sistema de opresión del pueblo, y esto, por medio de la cruz, de entregar y perder la vida (Mc 8,33-38). Este fue el camino que eligió Jesús en esa encrucijada. Y lo hizo en oración y discernimiento, en comunicación con el Padre y guiado por el Espíritu.

¿De qué manera nos ayuda a vivir hoy, lo que vivió Jesús en esta etapa?

Preparación para el plenario:

Después de leer el comentario, meditar el texto sugerido, responder las preguntas, estudiar el significado de la figura simbólica preparamos las tres tareas:

A: Teatro Bíblico.
B: Explicación de la figura simbólica.
C: Actualización de la etapa.

Cuarta etapa: Grupo Flecha
SUBIDA A JERUSALÉN

"Como ya se acercaba el tiempo en que sería llevado al cielo, emprendió resueltamente el camino a Jerusalén" (Lc 9,51).

Preguntas para ambientar el estudio de esta etapa (precisar al final).

1. ¿Cuáles son las actitudes de Jesucristo al salir de la Encrucijada y entrar a cumplir radicalmente el Proyecto de Dios?
2. ¿Qué significa eso de caminar, de subir a Jerusalén?
3. ¿Cuál es la fuerza, el ideal que mueve a Jesús a caminar tan decidido?

Comentario:

El drama de Jesús va llegando al final. Él lo sabe porque conoce a los hombres, y observando y analizando la situación en que está viviendo el pueblo. Las relaciones y conflictos van aumentando. La persecución arrecia. Jesús intuye, descubre a dónde va a parar toda esa trama contra Él. Le quedan pocos días y los quiere aprovechar con intensidad. "Pero conviene que hoy, mañana y pasado siga adelante porque no cabe que un profeta perezca fuera de Jerusalén" (Lc 13,33).

Jesús vive apasionadamente la vida porque lleva en su corazón un amor apasionado a su Padre, a los pobres, al Reino.

Esta "subida a Jerusalén" más que un camino físico, es simbólica: Representa este tiempo precioso del recorrido final de

Jesús. Las "subidas" son siempre cuesta arriba, o sea, son con dificultades, pero Jesús tiene una decisión y fuerza que le hacen caminar, subir como una flecha que vuela hacia el blanco, hacia la meta: Llegar al Padre una vez cumplida la misión de liberación.

Jesús camina atravesando pueblos, aun de samaritanos, y quiere llamar, aceptar, arrastrar a los que se encuentra. Exige a quienes quieren seguirlo la misma decisión que Él tiene: estar dispuestos a cargar su cruz y entregarse hasta perder la vida, para poder ganarla y no echarse atrás (Lc 9,57-62).

Quiere y anhela que se llene la mesa del Reino, la mesa del Padre, donde todos debemos vivir como hermanos y compartir el pan. Aunque muchos se han negado excusándose, el Padre manda invitar y traer a los marginados, a los pobres (Lc 14,15-24). Busca a los pecadores para levantarlos, perdonarlos y si fuera necesario, cargarlos en hombros (Lc 15,1-7). Cuánto amor encontramos en su corazón por su Padre, por los pobres, por el Reino. Ese amor es como una llama que quiere incendiar el mundo entero, quiere ser bautizado con fuego (Lc 12,49).

Subir a Jerusalén es ir a la capital, ahí donde está el poder del sistema: Templo, grandes jefes y autoridades que apedrean y matan a los profetas. Y hacia allá va Jesús, a esa Jerusalén a la que tanto quiso y quiere, pero que no lo supo recibir (Lc 13,34-35).

Y esta subida termina con la entrada humilde de Jesús Rey, en Jerusalén, ahora llamado el "Domingo de Ramos". Por fin llega al final del camino. "...marchaba por delante subiendo a Jerusalén. Y al llegar cerca de Betfagé y Betania... al acercarse y ver la ciudad, lloró por ella..." (Lc 19,28-44).

Textos sugeridos: Lc 9,51-62 y/o Lc 13,22-30.

Responder las preguntas del principio.

Contenido del símbolo:

La flecha vuela para llegar y dar en el blanco.
La flecha tiene tres partes y nos ayuda para recordar los tres amores apasionados de Jesús:

1. La punta de la flecha simboliza, recuerda el amor de Jesús a su Padre (Lc 10,21).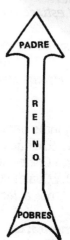

2. La cola de la flecha nos recuerda el amor de Jesús a los marginados, pobres (Lc 14,13) y pecadores (Lc 15,1ss). El 'Resto de Israel' formado por los últimos, los que sobran...

3. El centro, la vara de la flecha nos recuerda el amor de Jesús por el Reino (Lc 10,9). Ahí donde el Padre reina y los pobres que lo aman y se aman cumplen con su Proyecto.

¿De qué manera nos ayuda a vivir hoy, lo que Jesús vivió en esta etapa?

Preparación para el plenario:
Después de leer el comentario, meditar el texto sugerido, responder las preguntas, estudiar el significado de la figura simbólica preparamos las tres tareas:
A: Teatro Bíblico.
B: Explicación de la figura simbólica.
C: Actualización de la etapa.

Quinta etapa: Grupo Balanza
LA PASIÓN Y MUERTE DE JESÚS

"'¿Eres tú el Cristo, Hijo de Dios Bendito?' Jesús respondió:
'Yo Soy...' Habéis oído la blasfemia. ¿Qué les parece?
Y estuvieron de acuerdo en que merecía pena de muerte"
(Mc 14,61-62).
"Después se levantó toda la asamblea y lo llevaron ante Pilato.
Ahí empezaron a acusarlo, diciendo:
'Hemos comprobado que este hombre agita al pueblo'"
(Lc 23,1-2).

Preguntas para ambientar esta quinta etapa (precisar al final).
1. ¿Quiénes son los responsables de la muerte de Jesús?
2. ¿Cuáles son los delitos por los que lo juzgan culpable?
3. ¿Cuáles son los verdaderos motivos e intenciones de eliminar a Jesús?

Comentario:

Jesús pasa los últimos días de esta "Semana Santa" enseñando al pueblo, discutiendo con aquellos grupos de enemigos que
le acosan y le acusan constantemente para hacerlo caer en
alguna trampa (Mt 22,15-22). El día lo pasa alrededor del Templo (Lc 19,47) y por la noche se retira casi siempre a Betania, o
al Huerto de los Olivos para hacer oración (Mc 11,11).

El Jueves (ahora llamado "Santo"), víspera de la Pascua
judía, celebra la Cena Pascual. Jesús había deseado ardiente-
mente celebrar este momento, esta Cena, con sus apóstoles (Lc
22,15). Siempre los ha amado, pero ahora los ama en extremo,
hasta el límite (Jn 13,1). En esta Cena deja muchos recuerdos,
como el lavar los pies, y dice muchas palabras de despedida (Jn
14 a 17) y nos deja el sacramento de su Cuerpo y de su Sangre
como un Memorial y Signo (Mt 26,26-29). La Pasión y Muerte de
Jesucristo tienen un valor redentor y nos muestran el Amor del
Padre que nos entrega a su Hijo, y el de éste que nos entrega
su Vida.

Jesús va al huerto de los Olivos a orar. Tiene angustia y miedo. Ora una y otra vez a su Padre pidiéndole que si es posible le quite ese cáliz, y suda sangre (Lc 22,39-46). Tan grande es su sufrimiento y su pena.

Ahí es traicionado por uno de sus apóstoles y lo hacen prisionero.

Antes de amanecer ese "Viernes Santo" comienza a ser interrogado y juzgado. Se burlan de Él, lo escupen y golpean. Comienzan las torturas. Afuera, un amigo y apóstol, Pedro, lo desconoce y niega (Lc 22,61).

En la mañana siguen los juicios más formales ante el Sanedrín y Pilato. Hasta lo mandan con Herodes, quien lo desprecia como a un loco.

Dos son los delitos principales por los que lo condenan. Uno de tipo religioso: Es un blasfemo, porque se dice Hijo de Dios. Y otro de tipo político: Es un agitador, un subversivo.

Los que están encima de la pirámide social: saduceos, sumos sacerdotes, herodianos y hasta los que están un poco más abajo: escribas y fariseos se han confabulado y han venido buscando la ocasión de eliminar, de matar a Jesús. Ellos se justifican diciendo que quieren salvar la nación, que vendrá la represión de los romanos (Jn 11,45-53). La verdad es que lo que quieren es seguir en el poder, oprimiendo y dominando al pueblo.

El pueblo, a pesar del malestar que vive, está desorganizado, masificado. Y una vez más es manipulado por las autoridades. Cuando Pilato ofrece amnistía, o sea, la liberación de Jesús, ellos prefieren a Barrabás (Mc 15,6-13). Muchos de ellos lo habían vitoreado en su entrada a Jerusalén pocos días antes.

Pilato, por miedo a perder su puesto y su posición, se mancha las manos al entregar a Jesús (Mt 27, 24). Los soldados continúan torturando a Jesús, a quien le han puesto una corona de espinas (Mc 15, 17) y es azotado (Mt 27, 26).

Empieza el Vía Crucis, que significa el Camino de la Cruz.

Es bueno saber de memoria las 14 estaciones, pues muchas de ellas tienen una referencia citada en los Evangelios. Son los últimos pasos de Jesús.

Jesús, clavado en la cruz, dice las famosas siete últimas palabras:

1a. "Padre, perdónales porque no saben lo que hacen" (Lc 23,34).
2a. "Hoy estarás conmigo en el paraíso" (Lc 23,43).
3a. "Mujer, ahí tienes a tu Hijo; hijo, ahí tienes a tu Madre" (Jn 19,26-27).
4a. "Dios mío, Dios mío, ¿por qué me has abandonado?" (Mc 15,34).
5a. "Tengo sed" (Jn 19,28).
6a. "Todo se ha cumplido" (Jn 19,30).
7a. "Padre, en tus manos encomiendo mi espíritu" (Lc 23,46).

Textos sugeridos: Mc 15,1-15 y/o Lc 22,63 a 23,12.

Responder las preguntas del principio.

Contenido del símbolo:
La balanza es símbolo de la justicia, y a veces la ponen en manos de una mujer con los ojos vendados. Pero en una sociedad donde la pirámide es de acumulación de poder en pocas manos, toda la balanza se hace instrumento de injusticia. En cualquier platillo que se le carga un peso será para condenar a los que están con-

182

tra el sistema de opresión. Jesús por eso es condenado, porque como Hijo y enviado de Dios se opone a esa esclavitud religiosa y social, a todo pecado que mata la vida y Él nos muestra otro camino, nos da una nueva ley de amor para alcanzar la libertad y la felicidad.

1. En un platillo de la balanza pusieron delitos religiosos: Jesús es blasfemo, ofende a Dios.

2. En el otro platillo de la balanza le pusieron delitos políticos: Jesús es subversivo, agitador.

¿De qué manera nos ayuda a vivir hoy, lo que Jesús vivió en esta etapa?

Preparación para el plenario:

Después de leer el comentario, meditar el texto sugerido, responder las preguntas, estudiar el significado de la figura simbólica preparamos las tres tareas:

A: Teatro Bíblico.
B: Explicación de la figura simbólica.
C: Actualización de la etapa.

Sexta etapa: Grupo Las Llagas Gloriosas
LA RESURRECCIÓN DEL SEÑOR JESÚS

"Si no veo en sus manos la señal de los clavos y no meto mi dedo en el agujero de los clavos y no meto mi mano en su costado, no creeré... 'Acerca tu dedo y aquí tienes mis manos, trae tu mano y métela en mí costado y no seas incrédulo, sino ten fe'. Tomás le contestó: 'Señor mío y Dios mío'" (Jn 20,25-27).

Preguntas para el estudio de la sexta etapa (al final dar respuesta).

1. ¿Qué actitudes manifiesta el Señor resucitado en sus apariciones?

2. ¿Cuáles son los sentimientos de los discípulos y de la comunidad ante el Resucitado?

Comentario:

Apariciones del primer día.

Parece que primero se le apareció a María Magdalena, quien con otras mujeres había ido al sepulcro. Al ver el sepulcro vacío, llora. Jesús se acerca y le pregunta: "Mujer ¿por qué lloras, a quién buscas?" La consuela y luego la envía a confirmar a sus hermanos en la comunidad (Jn 20,11-18).

A Pedro también se le apareció. Avisado por las mujeres salió corriendo junto con Juan. Encontraron el sepulcro vacío. Pero después, el Señor lo busca para confirmarlo en la fe, y así él confirme a sus hermanos (Lc 24,34).

Jesús se aparece a los caminantes de Emaús. Ellos iban huyendo de Jerusalén, de la cruz y de la comunidad. Jesús se hace el encontradizo en el camino, los encuentra desconcertados, desesperanzados y poco a poco les va animando, cuestionando, enseñando las Escrituras. Al pedírselo se queda un poco más con ellos y comparte el pan. A pesar de la distancia y peligros regresan los discípulos a Jerusalén a anunciar lo sucedido (Lc 24,13-35).

A la comunidad reunida, encerrada por miedo, también se le presenta el Señor llevando paz, comiendo con ellos para ayudarles a creer, pues estaban atónitos (Lc 24,36-42).

Ocho días después regresa, buscando a Tomás, especialmente. Este era valiente, pero medio desconfiado y hasta un poco apartado de la comunidad (Jn 20,26-29).

Días después, mientras lo esperaban en Galilea Jesús se les aparece en el lago al amanecer de una noche en que no habían pescado nada. Él es el que se acerca y les pide algo de comer, aunque después Él les prepara un almuerzo y dialoga con ellos, sobre todo con Pedro (Jn 21,1-17).

En el monte se les vuelve a aparecer a los discípulos para enviarlos con la misión de bautizar; sólo con quienes conozcan su doctrina y la quieran poner en práctica, Jesús se compromete a estar siempre con ellos (Mt 28,16).

Así pasa 40 días acabando de instruirles, sobre todo para que se preparen para la venida del Espíritu Santo hasta que sube al Padre.

"Los sacó hasta Betania y alzando sus manos los bendijo. Y mientras los bendecía se separó de ellos y fue llevado al cielo" (Lc 24,50-52).

Textos sugeridos:
Lc 24,13-35 y/o Jn 20,19-28.
Responder las preguntas del principio.

Contenido del símbolo:
Es un hombre resucitado, con cinco llagas. Las cinco llagas del Señor Resucitado nos ayudarán a recordar cinco actitudes principales que mostró Jesús después de su Resurrección: (No tomemos a la letra que esto signifiquen las llagas, sino su sentido simbólico para recordar).

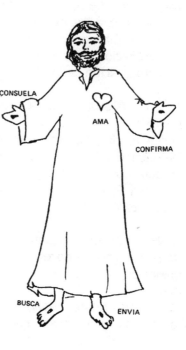

1a. En el pie derecho: Jesús busca. Jesús busca a María Magdalena, a los discípulos de Emaús, a la Comunidad.
2a. Mano derecha: Jesús consuela. María, ¿por qué lloras? Les hace arder el corazón a los de Emaús. A la comunidad les saluda con saludo de paz, etc.

3a. Mano izquierda: Jesús confirma en la fe: a Pedro para que confirme a sus hermanos. Les muestra con las escrituras que el Cristo tenía que sufrir. Para que crean y tengan fe; les enseña sus llagas y hasta come con ellos para que tengan fe.

4a. Pie izquierdo: Jesús envía a los que lo han reconocido: Ve y dile a mis hermanos; los de Emaús regresan a la comunidad a dar testimonio, los envía a predicar y bautizar, pide que apacienten a su pueblo.

5a. El corazón: Jesús ama y pide amor: Se deja abrazar de María cuando le reconoce como su Señor, le muestra amor a la comunidad. A Pedro le pregunta si lo ama.

¿De qué nos sirve en nuestra vida hoy, lo que vivió Jesús en esta etapa?

Preparación para el plenario:
Después de leer el comentario, meditar el texto sugerido, responder las preguntas, estudiar el significado de la figura simbólica preparamos las tres tareas:
A: Teatro Bíblico.
B: Explicación de la figura simbólica.
C: Actualización de la etapa.

Plenario: La Rueda de la vida de Jesús

La 'rueda' será, según el tamaño del grupo de 4 a 6 metros de diámetro. Se puede poner en el centro la manta con el dibujo para ubicar las seis etapas del camino de Jesús. Los grupos se van a sentar, afuera de la 'rueda' cada grupo frente a la etapa que le tocó estudiar.

Hacemos una oración al Espíritu Santo. Pedimos sabiduría y fortaleza para conocer más a Jesús, amarlo más y seguirlo mejor por su camino.

Los seis grupos pasan por orden (Etapa 1, 2...). Cada grupo dentro la gran rueda como escenario comparte su tarea:

Representación del 'Teatro Bíblico', explicación de la figura simbólica y la actualización y compromiso para vivir la etapa del camino de Jesús.

El coordinador del curso puede complementar, brevemente, para resumir lo fundamental de la etapa e ir llevando el hilo conductor para tener una visión de conjunto de la vida de Jesús. Al terminar pide que cada grupo ponga en el extremo externo de la rueda los objetos simbólicos utilizados en su presentación e invita a todos los participantes que se metan dentro de la rueda de la vida de Jesús.

Todos, de pie y mirando al centro de la rueda, rezamos un Padre nuestro y el Ave María. Vamos a meditar sobre los pasos y huellas que nos dejó Jesús en este camino. En silencio, comenzamos recordando, trayendo al corazón, las huellas de la etapa donde estoy situado. El coordinador pide que todos den un giro de flanco derecho, para caminar lentamente, en sentido contrario a las manecillas del reloj, como están las etapas del camino de Jesús y cada quien, en silencio, caminando muy lentamente y haciendo algunos altos en el camino va meditando sobre la etapa que va pasando. Podemos imaginar que vamos caminando con Jesús. Cuando llegamos a la etapa de donde partimos, nos detenemos, hacemos un flanco a la izquierda y quedamos mirando al centro. Nos damos las manos con las personas que están a mi izquierda y derecha para formar varias ruedas. Rezamos el Padre Nuestro y cantamos un canto adecuado.
"Te seguiré, Señor, a donde quiera que vayas..." (Lc 9,57).

NB: En mi libro"El camino de Jesús", presentó las seis etapas en varios temas para cada etapa y para ser usadas (no en curso bíblico) sino en reuniones comunitarias. La dinámica de trabajo, preguntas y celebraciones se adaptan a una participación más abierta y espaciada (una reunión por semana).

Segundo Momento
MEMORIA DE LA IGLESIA

"Padre, Señor del cielo y de la tierra,
yo te bendigo, porque has ocultado estas
cosas a los sabios e inteligentes y se las has enseñado
y revelado a los pequeñitos" (Lc 10,21).

Vamos a recordar lo que vimos, hicimos y sentimos al recorrer la rueda de la vida de Jesús.

Los participantes empiezan a hacer memoria y comparten: ¿Qué sentimos? ¿Qué recordamos de Jesús?

"Hablando de memoria, -se atrevió a decir doña Lucía- yo no tengo naditita de memoria, todo se me olvida. Todo me entra por un sentido y me sale por otro..."

Varias veces hemos escuchado en los cursos de Biblia palabras semejantes a las de doña Lucía: Todo esto que hemos visto está muy bonito, pero como yo no tengo letras, ni estudios, se me va a olvidar...

Quiero decirles a ustedes cómo animé a doña Lucía:
- "Mire, no se trata de aprender de memoria muchas cosas, lo importante es abrir su corazón y dejarse empapar y llenar por la Palabra de Dios".

Dinámica: 'La Esponja de la Memoria'

Material:

Una esponja y un recipiente con agua.

Miren esta esponja que tengo en la mano. Así es el corazón y la vida de los pobres y sencillos: llena de poros, de sentidos abiertos para recibir ésta agua de la Palabra de Dios. Miren cómo la esponja está seca y al meterla al agua va chupando, absorbiendo todo y parece que no tiene agua... parece que está igualita que antes...

Pero no... Cuando los problemas de la vida nos empiezan a apretar, empieza a soltar, a escurrir agua y más agua... y así damos de beber a tantos sedientos. Eso que hemos oído y recibido no sabemos cuándo ni cómo, pero se va a salir como agua viva para la vida. Doña Lucía, no sabía leer, pero sabía dar consejos a sus hijos, comentar la Palabra de Dios en las reuniones...

Todos, al igual que los primeros apóstoles, y las comunidades cristianas tenemos dificultades para memorizar, aunque por no tener televisión y tantos libros, ellos tenían mucho más práctica para memorizar que nosotros.

Los primeros cristianos también tenían el corazón como una esponja, la comunidad era una esponja que iba recibiendo las palabras de Jesús, observando sus hechos y así éstos y aquellos fueron quedando guardados, ocultos en su corazón. Se sumergieron y se empaparon en el Río Jesucristo.

Miren cómo estoy llenando de agua esta esponja de las Comunidades Cristianas Primitivas... y pasados los años, cuando eran apretados por los problemas y necesidades de la vida, poco a poco fueron exprimiendo la 'Esponja de la Memoria' y fueron saliendo gotas, recuerdos de las palabras y acciones de Jesús. Se estaba realizando el segundo momento -la memoria de los hechos- en el proceso de la construcción del barrio de los Evangelios.

Al comienzo, fue la predicación de la muerte y Resurrección; luego las síntesis de fe llamadas credos, los catecismos para enseñar la doctrina, los himnos y cantos de sus liturgias, las colecciones de hechos y dichos de Jesús. Las cartas de los apóstoles, etc. Todo esto fue ayudando a formar el Evangelio.

"Por entonces la Iglesia gozaba de paz en toda Judea, Galilea y Samaría; vivía en el temor del Señor y gozaba del consuelo del Espíritu Santo" (Hech 9,31).

Hemos recorrido el camino de Jesús, conocido la historia de su tierra: Palestina, y las etapas de su vida. Él, Jesús, es a quien en la parábola del Poblado de la Biblia hemos llamado el Río Jesucristo. Al otro lado del río, hemos conocido y paseado por el Antiguo Poblado, por sus calles y barrios... Sin embargo, de este lado del Río Jesucristo, aún no vemos el Nuevo Poblado. No hay calles, ni casas... Sólo un grupito de constructores, unos montones de material, pero hay un acontecimiento grandioso para contar: la Pascua de Jesús. Cristo mismo es como un viento que sopla fuerte y un fuego que los enciende, los anima y fortalece para anunciar su Resurrección, continuar su camino y abrirlo para otros.

Los constructores -los cristianos- se fueron organizando en grupos, en cuadrillas y vivían en comunidad. Poco a poco al multiplicarse las comunidades, se iban uniendo, haciendo Iglesia.

Probablemente ellos no pretendían, ni sabían que con su vida y su predicación iban preparando el material para construir el Nuevo Poblado. Eso sí, el amor a Jesús, la fe en Él, les ayudaba a recordar, a guardar en la memoria el acontecimiento de la Pascua de Jesucristo, su vida, muerte y Resurrección. El amor al pueblo, y el celo apostólico los impulsaba a ir transmitiendo esos recuerdos: el paso de Jesús por el camino.

Van pasando los años y parece que va fallando la memoria, y se van olvidando de palabras y de hechos de Jesús. Fueron tantas las cosas que Él hizo que si se escribieran todas no cabrían en todos los libros (Jn 21,25).

Además, van entrando personas nuevas a la comunidad, y éstas no conocen a Jesús. También sucede que muchos de los primeros discípulos tienen que huir, expulsados por la persecución; algunos comienzan a morir... las nuevas situaciones plantean problemas nuevos...

Las comunidades cristianas quieren ser fieles a su Señor Jesús, y así, desde su momento presente, miran con fe hacia el pasado, hacia el acontecimiento Pascual, para volver al presente con la esperanza de seguir caminando en el futuro por el mismo camino del Señor. Todas estas situaciones y problemas los van apretando como vimos en la dinámica de la 'esponja', y así van elaborando el material que les servirá para construir el Nuevo Poblado.

La situación que viven y sufren las comunidades cristianas van influyendo en sus actitudes, en los hechos, las reflexiones que hacen, y en lo que se va escribiendo del Nuevo Testamento.

La comunidad cristiana vive en pequeño, el ser sacramento del Reino, al compartir los bienes y participar en las decisiones; viven su dimensión profética, pastoral y cultural y así son un fermento de fe, amor y esperanza en medio de la sociedad (Hech 2,42-47).

¿Cuál es ese material principal para la construcción del Nuevo Poblado?

La tradición de la Palabra que también es Palabra de Dios. Podemos considerar varios aspectos de la Tradición: Respecto al tiempo puede ser Tradición pre-pascual o post pascual y respecto al modo de transmitirla puede ser Tradición oral o escrita.

Dinámica de Doña Memoria y la Tradición de la Palabra

Doña Memoria, en medio de la rueda de la vida de Jesús se sienta junto a un recipiente con agua y con la esponja en la mano.

Invitamos a siete personas para representar los diversos tipos de tradición y la Escritura, que son la fuente, la tinta donde los evangelistas cargarán sus plumas para escribir sus evangelios. Cuatro personas representan la tradición oral (palabras): 'Predicación', 'Liturgia', 'Catecismo' y 'Credo' se ponen al lado derecho de Doña Memoria y las otras al izquierdo: Dos son la tradición escrita: El escrito atribuido a Mateo y la colección de

'Palabras de Jesús' y la otra la 'Carta' ya es Sagrada Escritura (Las cartas de Pablo son anteriores a los Evangelios).

Presentaremos a estas personas con más detalle, ellas se acercan a Doña Memoria para recibir la Tradición y luego haciendo un gesto simbólico dan la vuelta alrededor de la rueda de Jesús, como recorriendo sus etapas y mostrando su nombre a los participantes del curso.

La 'Predicación'. Los apóstoles, discípulos y discípulas anuncian la Muerte y Resurrección de Jesús este "Kerigma" es el meollo de la Tradición cristiana. Es la base de los ocho discursos de Pedro. Entre éstos: Hech 2,22-24; 3,11-26; 4,8-12; 10,34-43; y nueve discursos de Pablo. Entre éstos: 1Cor 15,3 y ss; Hech 13,16-41; 17,30-32. Otro de Esteban.

Sale con un letrero "Predicación" y con sus manos abocinadas anunciando el 'Kerigma'.

La 'Liturgia'. Los primeros cristianos no compraban 'misales' ni libros de cantos, sino que los tenían que crear, sacarlos de su memoria para hacer sus celebraciones litúrgicas. En estos himnos recordaban la vida, algunas etapas de la vida Jesús. San Pablo incluyó algunos himnos en sus cartas: Fil 2,5-11; 2Tim 2,11-13; Ef 5,14. Leemos el himno en la carta a los filipenses.

Sale con el letrero de Liturgia y un libro de cantos en la mano.

El 'Catecismo'. Las personas, que por la predicación se habían convertido y bautizadas, necesitaban ser catequizadas para conocer el camino y a Jesús. No había catecismos y era necesario sacarlos, con su fe y amor, de la memoria y Tradición de la Iglesia.

Sale con un letrero 'Catecismo' y un catecismo en su mano.

El 'Credo' resume las verdades principales de nuestra fe. Se fue elaborando a lo largo de siglos. San Pablo nos presenta el origen y núcleo del Credo "Les recuerdo hermanos, el evangelio que les anuncié, que recibieron... Porque yo les transmití, lo que a mi vez recibí, que Cristo Murió... que resucitó al tercer día según las Escrituras" (ICor 15,1-4). Vamos a rezar con lentitud el Credo, que medio sabemos de memoria y nos recuerda varias etapas de la vida de Jesús: su encarnación y nacimiento, su muerte y Resurrección.

Sale con su letrero y todos decimos: Creo en Jesucristo, Dios y Hombre verdadero.

El 'escrito atribuido a Mateo'. La Tradición de la Iglesia (basada en un testimonio de Papías) dice que Mateo escribió en arameo un relato donde se narran por orden algunos hechos y dichos de Jesús. Este relato se perdió y no es el Evangelio, al que se le nombra de Mateo.

Sale el escrito atribuido a Mateo, con las manos vacías para simbolizar la pérdida del escrito.

La 'Colección de Palabras de Jesús'. Los discípulos de Jesús por la persecución (asesinato martirial de san Esteban) y por su afán misionero salieron a otros pueblos a evangelizar y consideraron importante llevar algo por escrito y por eso probablemente tradujeron los dichos de Jesús que estaban en arameo al griego y así se coleccionaron estas palabras de Jesús: Algunas parábolas, las bienaventuranzas, la oración del Padre Nuestro...

Sale con su letrero y un cuaderno con páginas escritas. Es Tradición escrita, pero todavía no es la Sagrada Escritura.

La 'Carta'. El primer escrito del Nuevo Testamento es la primera carta a los Tesalonicenses y ésta sí, ya es Sagrada Escritura.

Sale con su letrero y una carta en la mano.

Doña Memoria, cuando manos amigas o enemigas le apretaron sus manos y su esponja, propiciaron que saliera el agua viva de la Tradición, que es Palabra de Dios. Los discípulos y discípulas de Jesús se dispersaron por diferentes lugares y ahí continuaron reflexionando desde su fe y con amor la tradición, por eso las fuentes de la tradición se diferenciaron y esto explicará algunas diferencias que hay entre los cuatro Evangelios. Les pedimos a algunos de los siete representantes que se dispersen en varios lugares del salón.

¿Qué le entendimos a esta dinámica de 'La Esponja de Doña Memoria'?

Recomiendo leer los Hechos de los Apóstoles para conocer la vida de las comunidades y de la Iglesia y entender mejor este proceso de la Tradición.

El libro de los Hechos de los Apóstoles nos sigue contando la vida de la Primitiva Iglesia. Vida llena de fe y de amor al Señor Jesús, vida apretada como esponja unas veces por manos enemigas, otras por amigas, pero siempre en el regazo del Padre Dios.

Las comunidades cristianas, impulsadas por el Espíritu, buscan beber en el Río Jesucristo, y lo cruzan buscando en el Antiguo Poblado cimentar y confirmar su fe. Miran hacia el futuro ayudado por esa memoria -ese depósito de agua viva- y transmiten de palabra y por escrito el camino de Jesús.

Oración del Rosario

Meditación-oración: María, la amada del Señor, nos encamina hacia Jesús.
"Su Madre guardaba fielmente en su corazón todos estos recuerdos" (Lc 2,51).

Material:
* Una imagen de la Virgen María.
* Un rosario grande.
* Un cirio pascual o vela.
* Un pesebre o cuna, hecha con palos o cañitas.
* Los Evangelios.
* Una cruz grande de madera.
* Un cajón vació con pañales blancos.
* Papeletas para formar cuatro grupos:

El Rosario -Río de Rosas- es un camino cuyas cuentas son piedras preciosas que van marcando la ruta y señalando el rumbo. Esos 'misterios' son pasajes, recuerdos de la vida de Jesús. María, quien guardaba todos esos recuerdos fielmente en su corazón, nos puede ayudar a descubrir, profundizar en esos misterios para ir encontrando, conociendo a Jesús.

Nuestra Meditación-oración hoy, será hacer un Rosario viviente.

- Haremos cuatro grupos para reflexionar sobre los misterios del Rosario durante unos 15 minutos. G 1: Meditará con la Virgen las citas de los Misterios Gozosos. G 2: Con la luz de los Evangelios meditará los Misterios Luminosos. G 3: Meditará, unido a Jesús los Misterios Dolorosos. G 4: Meditará junto con la comunidad primitiva los Misterios Gloriosos.

- De cada grupo se ofrecerán cinco personas que prepararán una reflexión muy breve del misterio que les tocó para el Rosario viviente.

- Terminada la reflexión de los grupos, el que dirige el curso los invitará a formar el camino del Rosario de la siguiente manera:

- En el centro de la rueda del camino de Jesús donde se hace un crucero con cuatro espacios:

- En el centro se coloca un cirio encendido, una imagen de la Virgen María y el Rosario grande.

1) En el primer cuadrante se pone el nacimiento y cinco ruedas de papel con números de 1 a 5. Ahí se colocarán los cinco misterios gozosos.
2) En el segundo cuadrante se ponen los Evangelios y las cinco ruedas de papel con números de 1 a 5. Ahí se colocarán los cinco misterios luminosos.
3) En el tercer cuadrante se pone la cruz y las cinco ruedas de papel con números del 1 al 5. Ahí se colocarán los cinco misterios dolorosos.
4) En el cuarto cuadrante se ponen el cajón vacío y con los lienzos. Las cinco ruedas de papel con números del 1 al 5. Ahí se colocarán los cinco misterios gloriosos.

- El Rosario de 20 personas o Misterios quedará así, en forma de rueda, con el pesebre, los Evangelios, la cruz y el cajón como eslabones.

- El resto de los participantes se colocarán de pie en otra rueda alrededor de los 20 misterios.

Primero meditamos en silencio por unos momentos el Ave María, saboreando ahí donde el Espíritu nos quiera dar luz y gusto: Dios te saluda, María llena de gracia, el Señor está contigo (Lc 1,28). Bendita tú eres, entre las mujeres y bendito el fruto de tu vientre, Jesús.

Encendemos esta vela o cirio que simboliza a Cristo resucitado que va recorriendo el camino de su vida. Al empezar cada serie - corona de misterios - rezaremos un Padre Nuestro, un Ave María y el Gloria. En orden se va pasando la vela. Al recibirla la persona que anuncia el misterio, lo reflexiona muy brevemente y dice la primera parte del Ave María y todos recitan la segunda. Pasará la vela al siguiente que hará lo mismo y así hasta recorrer los 20 misterios.

Misterios Gozosos:

1. María escucha el Anuncio: Lc 1,26-38.
2. María lleva la Noticia: Lc 1,39-56.
3. María da a luz la Palabra: Lc 1,39-56.
4. María presenta el cumplimiento de la Promesa: Lc 2,22-38.
5. María busca y encuentra a Jesús: Lc 2,41-49.

Misterios Luminosos:

1. Los Evangelios narran el Bautismo de Jesús en el Río Jordán.
2. Los Evangelios revelan a Jesús en las bodas de Caná.
3. Los Evangelios presentan a Jesús anunciando la llegada del Reino de Dios.
4. Los Evangelios nos consuelan con la Transfiguración de Jesús en el monte Tabor.
5. Los Evangelios nos invitan a celebrar el memorial de la Eucaristía.

Misterios Dolorosos:

1. Jesús es agobiado por el Mal: Mc 14,32-42.
2. Jesús es torturado: Mt 27,26.
3. Jesús es coronado de espinas: Mc 15,16-20.
4. Jesús es cargado con la Cruz: Mc 15,21-22.
5. Jesús es asesinado en la Cruz: Mc 15,29-37.

Misterios Gloriosos:

1. La comunidad es testigo de la Resurrección: Jn 20,20-28.
2. La comunidad se alegra porque sube Jesús al Padre: Lc 24,50-53.
3. La comunidad es confirmada por el Espíritu Santo: Hech 2,1-4.
4. La comunidad despide a María.
5. La comunidad canta a María como Madre y como Reina.

Terminamos salmodiando o rezando el Magnificat: Lc 1,46-55.

Si quieren, podrán hacer una gran rueda con todos los participantes tomados de las manos, como formando un gran rosario. Cantar cánticos a María y se sugiere que se pase el cirio o veladora de mano en mano. Al entregarlo se dice: A Jesús y quien la recibe responde: por María.

Tercer Momento
LOS EVANGELISTAS Y EL EVANGELIO

"Varias personas han tratado de narrar
las cosas que pasaron entre nosotros,
a partir de los datos que nos entregaron
aquellos que vieron y fueron testigos desde el principio
y que, luego, se han hecho servidores de la Palabra.
Siendo así, también yo he decidido investigar hasta el origen
de esta historia, y componer para ti, excelente Teófilo,
un relato ordenado de todo. Con esto, todas aquellas cosas
que te he enseñado cobrarán plena claridad" (Lc 1,1-4).

Presentación General de Los Evangelistas

Lucas nos presenta en la introducción de su Evangelio la meta que se propone: hacer un relato ordenado de la vida de Jesús. El método es investigar los datos que personas y comunidades le han entregado. Y la finalidad u objetivo que lo mueve es para que la doctrina que se va enseñando a los cristianos esté bien fundamentada y clara.

Juan al final de su Evangelio nos afirma: Jesús realizó muchas señales que no están escritas en este libro. Las escritas en su Evangelio están para que creamos y creyendo tengamos vida (Jn 20,30-31).

En el primer momento vimos los hechos, la Vida de Jesús; en el segundo momento estudiamos cómo la Iglesia fue guardando en su memoria el acontecimiento Pascual, preparando y transmitiendo ese material a las comunidades. En este tercer momento, vamos a tratar de descubrir quiénes son los cuatro evangelistas y señalar algunas características principales del contenido de cada Evangelio. Veremos la construcción del barrio de los Evangelios y entraremos en sus calles y casas. Estemos atentos a la explicación, porque formaremos cuatro grupos para componer un 'corrido' a cada uno de los evangelistas.

Los evangelistas son cuatro: Marcos, Mateo, Lucas y Juan. Ellos, -como buenos ingenieros de la construcción-, supieron pedir y recibir ayuda de personas y de comunidades para ir construyendo el Nuevo Poblado de la Biblia.

También supieron aprovechar y adaptar el material para ir colocándolo según las circunstancias y las necesidades de las comunidades, no tanto narrar una biografía de Jesús y una secuencia histórica estricta, sino su reflexión teológica. Los evangelistas construían sus calles y casas para que ahí vivieran y encontraran vida, tanto las comunidades cristianas de su tiempo, como las comunidades cristianas de los tiempos futuros.

Para presentar a estos evangelistas, vamos a dar algunos datos de su vida y de sus escritos. Conviene aclarar que muchas veces los datos son inseguros, imprecisos. Por ejemplo, las fechas de escritura son sólo cálculos aproximados.

Invitamos a cuatro participantes del curso a representar a los cuatro evangelistas. Les pondremos los nombres de los evangelistas y así los vamos presentando uno por uno. Esto ayudará a comprender y recordar.

● **Marcos:** Probablemente era Juan Marcos, hijo de la señora que prestaba la casa para las reuniones de la primitiva comunidad (Hech 12,12). Él también acompañó a Pablo y Bernabé en algunos viajes misioneros (Hech 12,25). Estuvo cerca de Pablo cuando fue preso (Col 4,10). Finalmente, lo encontramos en Roma como secretario de Pedro (Pe 5,13). Estos datos nos ayudan a descubrir de dónde fue sacando y juntando Marcos el material de su evangelio. Escribió en Roma, la fecha más probable de su evangelio es entre los años 64 y 70 después de Cristo, o sea, después de que san Pedro fue martirizado, y antes de la caída de Jerusalén.

- **Mateo:** Muchos estudiosos de la Biblia han pensado que Mateo Apóstol, quien era publicano, cobrador de impuestos y se llamaba Leví (Mt 9,9) es el escritor de este evangelio. Sin embargo, otros estudiosos de la Biblia piensan que ese Mateo Apóstol escribió sobre unas palabras de Jesús en lengua aramea, pero este escrito, que no era aún evangelio, se perdió. Años más tarde, un maestro de la ley, con un grupo llamado 'escuela mateana', escribió el Evangelio, conocido de Mateo en honor del Apóstol y del escrito anterior. Mateo escribió en un ambiente judío, probablemente en Antioquía, después de la caída de Jerusalén, entre los años 80 a 90 d.C.

- **Lucas:** Este evangelista es el mismo quien después escribió los Hechos de los Apóstoles (Hech 1,1). Era de origen griego, quizá del Asia Menor, y de profesión médico (Col 4,14). Se convirtió del paganismo griego al cristianismo. Fue compañero de san Pablo, no sólo en la prisión de Roma, sino también en algunos de sus viajes misioneros. (En los Hechos encontramos algunos textos donde habla en plural, lo cual revela que formaba parte de la comitiva). Escribió alrededor del año 80-90 d.C.

- **Juan:** El discípulo amado de Jesús (probablemente), salió de Jerusalén con su comunidad y en Éfeso, ciudad del Asia Menor, surgieron varias comunidades 'joánicas'. De Juan conocemos muchos detalles personales narrados por los mismos evangelios: Era pescador, su hermano se llamaba Santiago, Jesús les apodó los Hijos del Trueno, aunque su padre se llamaba Zebedeo. Por modestia no quería poner su nombre, y sólo decía 'el discípulo a quien Jesús amaba' (Jn 13,23). Juan escribió después del año 90 d.C. También escribió tres cartas y algunos lo consideran autor del Apocalipsis. Lo más probable es que Juan tuviera una comunidad de discípulos que le escucharon su mensaje, lo acompañaban muy de cerca, y le ayudaron a escribir.

Estos cuatro evangelistas vivían en lugares distintos unos de otros, y en ambientes, comunidades, circunstancias diferentes. Esto explica las diferencias enriquecedoras que encontramos en los Evangelios. Sin embargo, tenían en común muchas cosas: Los cuatro escriben inspirados por el Espíritu Santo acerca de Jesucristo y caminan por el mismo camino.

Así los evangelistas construyen un solo barrio: El barrio de los Evangelios. Tiene cuatro calles donde encontramos materiales y estilos comunes, y también sus diferencias complementarias, que añaden características especiales.

Las tres primeras calles: Evangelio Marcos, Evangelio Mateo y Evangelio Lucas tienen así, de pronto, un mismo estilo, y gran parecido. Por eso les llaman Evangelios 'Sinópticos', o sea, tienen una óptica o visión semejante, aunque hay sus diferencias, como veremos más adelante. Y esto desde el tamaño:

La calle de Marcos tiene 16 casas (capítulos) y 661 cuartos (versículos). La calle de Mateo: tiene 28 casas y 1068 cuartos. La calle de Lucas tiene 24 casas y 1149 cuartos. La calle de Juan tiene 21 casas y 879 cuartos y es de otro estilo; pero nos ayuda a conocer y gustar más las otras tres calles.

La importancia no está en el tamaño, pues aunque la calle de Marcos sólo tiene 50 cuartos o versículos propios de él, que no están en los otros evangelios, hay enfoques y matices diferentes. Esto lo veremos al explicar los camellones que encontramos en el centro de la calle y los colores que más resaltan.

Vamos a entrar y pasear por estas calles del barrio del Evangelio y a observar con cuidado las figuras y objetos simbólicos que nos ayudan para comprender y recordar aspectos importantes. Cuando visitamos una ciudad con un guía, él nos orienta y nos ayuda a señalar y destacar las obras más bellas y artísticas y los estilos más propios de la ciudad.

Podemos aprovechar y gustar mucho más. Quizá resulten demasiadas cosas y algunas de no tanta importancia. No nos preocupemos mucho si después se nos olvidan. Pero a algunos les puede resultar interesante.

Ahora sólo damos una vista rápida y de conjunto, y después, por grupos, entraremos más detenidamente, calle por calle, evangelio por evangelio. Conviene frente a cada uno de los evangelistas escogidos figurar con una banca, donde podemos colocar sus símbolos.

Figuras simbólica de los evangelistas

Lo primero que nos llama la atención son las figuras simbólicas que están en las entradas de cada una de las calles: Un león, un hombre, un toro y un águila... ¿Qué quiere decir eso?

La importancia de la boca-calle del comienzo de los evangelios: Ahí se da una muestra condensada de lo que seguirá después.

San Irineo, uno de los Santos Padres del siglo segundo fue quien para explicar y ayudar a recordar el comienzo de los cuatro evangelios usó este simbolismo. San Irineo tomó esta figura del libro del Apocalipsis (el autor del Apocalipsis no está pensando en los evangelistas) donde se presentan a los cuatro seres vivientes que están alrededor del trono de Dios: Uno como león, otro como hombre, otro como toro y otro como águila (Ap 4,6-7). Los Santos Padres se fijan en el principio del evangelio, donde los evangelistas presentan la línea y orientación de su obra. Irineo da la razón por la cual se aplica el símbolo a cada evangelista.

Podemos poner en la banca de cada calle o en las manos del evangelista una cartulina con el dibujo de la figura-símbolo (En una manta, como pechera se ponen los símbolos principales de cada evangelio: nombre del evangelista, la boca-calle y el camellón (tema central).

Marcos: está simbolizado por el león, porque el evangelio comienza en el desierto, donde se supone que hay los leones. El evangelista nos invita a ir al desierto, vivir un éxodo, para encontrarnos con la Buena Nueva del Hijo de Dios.

Mateo: está simbolizado por el hombre, porque el evangelio comienza con una genealogía, o sea, con la lista de padres-hijos en la descendencia humana hasta llegar a Jesús. Jesús pertenece a la familia de David y es el primero de la séptima generación.

Lucas: está simbolizado por el toro, porque el evangelio comienza en el Templo donde se sacrifican los toros. Este evangelista destaca la importancia de Jerusalén, lugar de paz y a la vez de violencia. Ahí también termina su Evangelio y comienza su libro de los Hechos.

Juan: está simbolizado por el águila, porque el Evangelio comienza con el principio eterno del Verbo y se remonta a las alturas de los tiempos. El evangelista quiere revelar la divinidad de Jesús, la Palabra de Dios.

Mensajes centrales de cada Evangelio

Ahora notemos los camellones que están en el centro de las calles, que son como ejes centrales de cada Evangelio conforme a la finalidad con que se escribió, como su mensaje principal. (Conviene aclarar que puede haber otros ejes centrales, y que estos no son exclusivos de algún evangelista, sino algo más sobresaliente).

* **Marcos**: Su Mensaje central es **la Cruz** (Ponemos una cruz sobre el camellón) y su preocupación es descubrir el misterio del Hijo de Dios crucificado. Muestra en Cristo a un Dios muy humano que viene a destruir el mal.

* **Mateo**: Su Mensaje central es **el Reino** (Ponemos en el camellón una semilla y una planta de maíz), y se preocupa por probar que Jesús es descendiente del Rey David y viene a realizar el cumplimiento de las Escrituras. Muestra también a la comunidad apostólica, como una comunidad mesiánica, continuadora del Pueblo de Israel en la misión de establecer el Reino.

* **Lucas**: Su Mensaje central es **la Libertad** (Ponemos en el camellón unas cadenas rotas), se preocupa por presentarnos a Jesús como profeta que viene a realizar la justicia y la liberación total. Muestra también cómo los seguidores de Jesús deben escuchar su Palabra y ponerla en práctica.

* **Juan**: Su Mensaje central es **la Vida** (Ponemos en el camellón una pieza de pan y un vaso de agua) y se preocupa por mostrarnos a Jesús como la señal que el Padre nos da para que encontremos la Vida Eterna. Muestra también cómo Jesús es el centro de todo el comportamiento moral.

Los estilos de construir, de escribir de los cuatro evangelistas:

Los evangelistas son personas humanas y miembros de comunidades particulares, por eso tienen personalidad y estilos personales, que los diferencian de los otros evangelios, aunque como hemos notado, tienen muchas cosas comunes. Por eso podemos destacar los rasgos más señalados. A cada 'evangelista' se le da un objeto simbólico, sobre su modo característico de escribir, luego de hacer la explicación puede poner el objeto simbólico sobre la banca o lo que represente la 'calle' (evangelio) que estamos explicando.

Tengamos como material estos objetos: Periódico, catecismo, cuaderno, libro de teología:

- **Marcos**: es más bien un periodista, un evangelizador, que pasa la Buena Noticia narrando los hechos de una manera más rápida, franca, espontánea, inmediata.

- **Mateo**: es más bien un catequista, que explica el Mensaje ordenando sus elementos para que pueda ser mejor comprendido y retenido.

- **Lucas**: es un historiador que se preocupa por dar unidad y secuencia a los hechos y dar datos sobre el tiempo de los acontecimientos.

- **Juan**: recalca su ser un teólogo (aunque todos los evangelistas lo son), que reflexiona sobre las señales y procura profundizar en su significado y en lo que señala.

Claro que todos tienen de todo un poco. Por ejemplo, todos hacen más que una descripción de hechos una reflexión de fe para mostrar el camino a la comunidad, para dar un mensaje.

Sólo se señalan rasgos característicos. Esto nos ayuda mucho a entender los Evangelios.

Formamos cuatro grupos para componer los corridos: G 1: Mc, G 2 Mt, G 3 Lc y G 4 Jn. En el corrido retomemos los datos principales del evangelista: Lugar, fecha, camellón, boca-calle...

Paseando por el barrio del evangelista nos llama la atención los colores con que están pintados algunas calles, casa y cuartos. Cada evangelista tiene algunos colores preferidos, y pinta con matices más personales su obra.

Claro que en todo encontramos una variedad de colores, y muchos de ellos repetidos, comunes. Pero ahora vamos a señalar, destacar, tres colores-aspectos más característicos de cada calle.

El que guía el curso va mostrando la rueda de colores de cada evangelista, explicando un poco lo que vendrá después.

* Calle Evangelio Marcos: Morado, gris, arco-iris (rayas de varios colores).
* Calle Evangelio Mateo: Verde, plateado y pinto (un color con puntitos).
* Calle Evangelio Lucas: Azul, café, negro.
* Calle Evangelio Juan: Blanco, rojo, anaranjado.

- " ¿Pero, qué quieren decir estos colores? No entiendo nada..."
- Un poco de paciencia. Primero vamos a entrar al Evangelio de Marcos, luego al de Mateo, después al de Lucas, y finalmente al de Juan.
- Los colores son sólo una ayuda que yo propongo para entender y memorizar mejor algunas temáticas características de los Evangelios.

LOS CUATRO EVANGELIOS

Dinámica para el trabajo en Grupos

Queremos leer los cuatro Evangelios y según el número de participantes en el curso y el tiempo disponible podemos tener varias opciones. En todas las opciones recomendamos estar muy atentos a la boca-calle o comienzo y al camellón o tema central del Evangelio.

+ Formar tres grupos de trabajo para entrar a cada Evangelio, recorrer toda esa 'calle' y profundizar en el color que se le asigne. En el plenario compartirán con los otros dos grupos para tener una visión de conjunto de los tres colores característicos de cada Evangelio. (El G 1 toma el primer color de su calle, el G 2, el segundo y el G 3 el tercer color).

+ Formar dos grupos donde cada grupo verá los tres colores de su calle y compartirá con otro grupo lo visto y encontrado en su calle. Primero entrarán a dos calles-evangelio y luego a las otras dos: G 1: Marcos (luego Lucas) y G 2: Mateo (luego Juan).

+ Formar cuatro grupos donde cada grupo verá los tres colores y compartirá en un solo plenario con los otros tres grupos. (G 1: Marcos, G 2: Mateo, G 3: Lucas, G 4 Juan).

Los tres grupos estudian la introducción general, el mensaje central (camellón) de la calle evangelio que vamos recorriendo, además cada grupo estudia el color-aspecto que le corresponde.

Vamos a formar tres grupos de trabajo: Grupo 1, Grupo 2 y Grupo 3. Cada evangelista tendrá su propio plenario.

Procuremos tener en cuenta lo visto en el primer momento sobre la Pirámide Social en tiempos de Jesús y de los evangelistas, pues en la tierra es donde está cimentado el Nuevo Poblado de la Biblia. Esto ayudará a responder la pregunta sobre la relación del camellón o eje central y el color característico del Evangelio.

Preparemos el material para el trabajo:

1- Para recordar los camellones centrales llevamos los objetos simbólicos:

Marcos - Una cruz.
Mateo - Una semilla y una planta
Lucas - Unas cadenas o lazos rotos
Juan - Un pan y un vaso de agua

2- Se hacen abanicos de colores que entregan a cada grupo. Cada abanico es una tercera parte de una rueda. El abanico tiene el color-aspecto de un lado y del otro un letrero con la palabra clave, aquello que recuerda el color, por ejemplo: color azul / POBRES

3- Al ir leyendo, estudiando el tema no nos debemos detener a buscar citas hasta haber terminado la lectura de lo que nos tocó y luego escoger el texto sugerido y entonces sí, buscar la cita y responder las preguntas. Si queda tiempo se podrán buscar otras citas.

MARCOS: EL EVANGELISTA DE LA CRUZ

Un símbolo:
La cruz grande.

Una frase:
¡Jesús, el Hijo de Dios, muere en una cruz...!

Un texto:
"El Hijo del Hombre será entregado en manos de los hombres, lo matarán y a los tres días de haber muerto resucitará" (Mc 9, 31).

Un esquema:
Recordemos: Marcos es el evangelizador y periodista (Mc 9,31). Él quiere narrar el drama de Jesús y lo hace con espontaneidad y vigor. Va a describir los hechos acontecidos, sin alargar mucho la historia, ni detenerse en especulaciones muy teológicas. Por eso Marcos tendrá un esquema más simple en su Evangelio y comenzará en la segunda etapa con Jesús ya adulto.

Capítulos:
1,1-3: Prólogo.
1,14-8,30: Ministerio en Galilea.
8,31-10,52: Anuncios de pasión-muerte y resurrección (encrucijada crítica).

11,1-13,37: Ministerio en Jerusalén.
14-16: Pasión y resurrección de Jesús el Hijo de Dios.

Marcos, el león, comienza su Evangelio en el desierto anunciando la Buena Noticia, a Jesucristo como Hijo de Dios. Y terminará insistiendo en que Jesús es el Hijo de Dios, como lo testificó el soldado que lo vio morir en la cruz:

"Verdaderamente este hombre era Hijo de Dios" (Mc 15,39).

Marcos narra más que la vida, el drama de Jesús crucificado a partir del sepulcro vacío donde termina su evangelio: "No se asusten. Buscan a Jesús de Nazaret, el crucificado, ha resucitado, no está aquí" (Mc 16,6).

El evangelista Marcos busca explicarnos el drama de Jesús quién es Él y por qué lo mataron. Porque la cruz era una locura para los griegos y un escándalo para los judíos, pero en Jesucristo se vuelve señal de glorificación.

Tres aspectos característicos que colorean la calle del Evangelio de Marcos:
1. Jesús y las multitudes (grupo arco iris).
2. Jesús manda guardar silencio (secreto mesiánico) (grupo morado).
3. Jesús perseguido por los poderosos (grupo gris).

Cada grupo de estudio puede leer los tres aspectos de Marcos sin detenerse a profundizar, a buscar textos. Conviene eso sí, tener en cuenta el mensaje central: ¿Por qué al Hijo de Dios lo asesinaron en una cruz?

Enseguida cada grupo estudia el aspecto-color que le corresponde para profundizar sobre ese aspecto particular y leer el texto típico.

Para interpretar y actualizar, ayudarse con las preguntas y el esquema de los pasos: VER-PENSAR- ACTUAR que están al final.

Grupos de Trabajo

1) Jesús y las multitudes:
(grupo arco iris)
Aspecto: Color arco iris

Palabra clave: Multitudes

"Jesús se retiró con sus discípulos a la orilla del mar, y le siguió una gran muchedumbre de Galilea. También de Judea, de Jerusalén, de Idumea, del otro lado del Jordán, de la región de Tiro y Sidón, muchísima gente que había oído hablar de Él, acudían a Él. Y entonces, a causa de la multitud..." (Mc 3,7-9).

Proponemos color arco-iris porque son muchos colores y recuerda multitudes.

0.1 ¿Cómo se coloca Jesús ante estas multitudes?
Jesús siente compasión por esas multitudes, que andan como ovejas sin pastor. Mc 1,41; 6,34; 8,1-2.

Jesús enseña a esas multitudes. Les habla del Reino, de la conversión, de la Buena Nueva y les instruye: Mc 4,1-2; 6,1-2; 6,34-35; 4,1-9.

Jesús les sirve en sus necesidades: Mc 1,32-34; 6,53-56; 8,6-8.

Textos típicos -sugeridos: (Mc 3,7-12 y Mc 6,30-44).

Ayudarse con las preguntas de ver, pensar y actuar para interpretar y actualizar el texto leído.

2) Jesús manda guardar secreto:
(grupo morado)
Aspecto: Color morado.

Palabra clave: Secreto
"...Y les insistió mucho en que nadie lo supiera" (Mc 5,43).

Proponemos color morado porque este color se usa en Cuaresma y Semana Santa como señal de luto y de silencio; así nos ayuda a recordar esto del Secreto.

0.2 ¿Y por qué motivos será que Jesús manda callar y guardar Secreto?

Para evitar falsas esperanzas mesiánicas, pues muchos querían alborotar pensando en un mesianismo triunfalista, populista. Por eso, después de la multiplicación de los panes "inmediatamente obligó a sus discípulos a subirse a la barca y a ir por delante... Después de despedirse de las muchedumbres se retira al monte a orar" (Mc 6,45-46).

Para ayudar a sus seguidores a madurar en la fe, pues Jesús sabe que un triunfalismo masivo puede ser superficial, y lo pueden buscar por motivos interesados y no por Él, ni por el Reino. Esta idea la insinúa Jesús, indirectamente, cuando afirma que sus parientes no lo son por la carne, sino por cumplir la voluntad del Padre (Mc 3,31-35), y después de la encrucijada crítica, cuando presenta las condiciones para seguirlo y aclara: "Quien quiera salvar su vida la perderá" (Mc 8,34-38).

Para evitar un poco la persecución que lo acecha (Mc 3,12). Después de que se confabulan sus enemigos contra Él, (Mc 3,6) Jesús exige mayor silencio. Y en 1,34, después de mandar callar, sale y se retira a otros pueblos y empieza a buscar estar solo y no entrar en las ciudades (Mc 1,35-45).

Texto típico sugerido: (Mc 1,32-45).

Ayudarse con las preguntas de ver, pensar y actuar para interpretar y actualizar el texto leído.

3) Jesús es perseguido:
(grupo gris)
Aspecto: Color gris

Palabra clave: Persecución
Proponemos el color gris porque desde
el comienzo del día apostólico de Jesús
salen nubes amenazadoras que ponen
gris el horizonte de su vida.

0.3 ¿Por qué y cómo acosan y persiguen a Jesús?

Porque Jesús es libre y Señor ante la ley, perdona pecados, come con pecadores, relativiza y adapta leyes como la del ayuno, pone el sábado para el hombre.

Porque los fariseos, escribas, sumos sacerdotes, saduceos, buscan los primeros lugares y ser halagados y andar bien vestidos (Mc 1,38) y porque quieren tener autoridad para dominarle, hacen negocio con el templo y la religión (Mc 11,15-18).

Y estos grupos y sectas judías, aunque tenían divisiones por motivos religiosos y políticos por miedo a Jesús y al pueblo se confabulan, se unen (Mc 3,6-7).

Texto típico: (Mc 12,12-28).

Preguntas para profundizar con tres pasos: Ver, pensar, actuar.

VER: ¿Qué personas aparecen, qué hacen y qué dicen?

PENSAR: ¿Qué ejemplos y enseñanzas nos dan para hoy? ¿Por qué este comportamiento trajo problemas a Jesús?

ACTUAR: ¿Cómo vamos a practicar nosotros lo que aquí nos dice el Evangelio? ¿Cómo tomar la cruz y seguir a Jesús?

Preparar Plenario de Marcos:
Explicar el color-aspecto y su relación con el mensaje central. En seguida presentar la cruz grande.

MATEO: EL EVANGELISTA DEL REINO

Un símbolo:
Una semilla y una planta de maíz.

Una frase:
Jesús, el Hijo de David, da cumplimiento al tiempo del Reino.

Un texto:
"Busquen primero el Reino y su justicia y todo se les dará por añadidura" (Mt 6,33).

Un esquema:
Recordemos que Mateo es el evangelista catequista y le gusta ordenar su Evangelio. Toma la idea de la ley y presenta su obra en 5 discursos principales (una especie de nuevo Pentateuco).

Señalamos los capítulos de algunos temas principales:
2. Preparativo remoto del Reino: Nacimiento e infancia de Jesús.
5, 6 y 7. Primer discurso: Sermón del Monte donde Jesús da su programa del Reino.
10. Segundo discurso: Sermón misionero para preparar misioneros del Reino.
13. Tercer discurso: Parábolas para explicar qué cosa es el Reino.
18. Cuarto discurso: Instrucción comunitaria, eclesiástica.
24. Quinto discurso: Anuncio escatológico, fin de Jerusalén y del mundo.
26-28. Culminación de la realización del Reino: Muerte y Resurrección de Jesús.

Mateo, el hombre, comienza su Evangelio con una genealogía para demostrar que Jesús es hijo de David. Tiene una preocupación constante de relacionar y confirmar con el Antiguo Testamento. Por eso, encontramos tantas citas del Antiguo Testamento y la fórmula de cumplimiento: Esto pasó para que se cumplieran las Escrituras o lo dicho por el Profeta. Son esos puentes del Poblado de la Biblia que unen el Antiguo con el Nuevo Poblado y que pasan precisamente por encima de Jesucristo, el nuevo Moisés, que continúa la formación del pueblo. Jesús es Emmanuel, la presencia de Dios entre nosotros, el cumplimiento de la promesa del Señor Yahvé. "Todo sucedió para que se cumpliera la promesa del Señor por medio del profeta Isaías: 'Vean que la virgen concebirá y dará a luz un hijo a quien pondrán el nombre de Emmanuel, que traducido significa: Dios con nosotros'" (Mt 1, 22-23).

Tres aspectos característicos que colorean el evangelio de Mateo:

¿Recordamos cuáles colores tiene la calle de san Mateo?
1. Sermones de Jesús (grupo verde).
2. Misiones de Jesús (grupo pinto).
3. Parábolas de Jesús (grupo plateado).

Cada grupo de estudio puede leer los tres aspectos-color de Mateo sin detenerse en buscar todos los textos, sino básicamente los textos sugeridos.

Conviene considerar el mensaje central: **¿Cómo se ha cumplido el tiempo del Reino?**

Al terminar cada grupo estudia el aspecto-color que le corresponde para profundizar sobre ese aspecto particular y leer el texto típico.

Para interpretar y actualizar, ayudarse con las preguntas y el esquema de los pasos VER- PENSAR-ACTUAR que están al final.

Grupos de Trabajo

1) Sermones-Discursos de Jesús: (grupo verde).

Aspecto: color verde.

Palabra clave: Sermones

"Bienaventurados los pobres de espíritu, porque de ellos es el Reino de los cielos... Ustedes son la sal de la tierra... Ustedes son la luz del mundo" (Mt 5,3.13.14).

Proponemos color verde porque ante tan sublimes exigencias "todavía estamos muy verdes" ¡Pero con esperanza!

El Sermón del monte, más que ley es Evangelio. Es un programa de vida para entrar, trabajar y perseverar en el Reino. Y esto, no por un voluntarismo, sino porque el Reino es don y gracia a la cual los hombres pueden y deben corresponder. Es una buena noticia. Jesús relee la ley de Moisés y la interpreta y pone una nueva manera de pensar y actuar: El amor, y un modelo: El Padre misericordioso.

En este sermón del monte podemos encontrar algunos "hilos de oro" que luego podemos resumir en una regla de oro.

¿Cuál es el mensaje principal de Jesús?

- Nueve Bienaventuranzas: (Mt 5,1-12), el camino de la felicidad.
- Seis puntos, al menos, para superar la ley del Antiguo Testamento (5,20-48). "Han oído esto, pero..." No es ponerle peros a la Ley, sino una mayor exigencia y radicalidad evangélica: "Sean perfectos como su Padre Celestial es Perfecto".
- Tres prácticas piadosas que deben hacerse con espíritu nuevo, humilde: la limosna, la oración y el ayuno (Mt 6,1-18).

- Y una regla de oro: "Por tanto lo que ustedes quieran que los otros hombres hagan por ustedes, eso mismo hagan ustedes por ellos". "Ahí está la Ley y los Profetas" (Mt 7,12).

Escoger cualquiera de los tres textos típicos, joyas del Sermón del Monte: (Mt 5,1-12; 5,20-48; 6,1-18).

Ayudarse con las preguntas de ver, pensar y actuar para interpretar y actualizar el texto leído.

2) Misiones de Jesús: (grupo pinto)

Aspecto: color amarillo
          con puntitos (pinto)
Palabra clave: Misiones

"Miren que yo les envío como ovejas en medio de lobos. Sean, pues prudentes como las palomas y astutos como las serpientes" (Mt 10,16).

Proponemos el color pinto porque la mies -trigo amarillo- es mucha y los trabajadores, puntos verdes, enviados a seguir adelante, son pocos (Mt 9,37).

0.2 ¿Cuáles son las actitudes y métodos de Jesús para extender el Reino de los cielos aquí en la tierra?

Podemos considerar tres puntos: Jesús misionero envía a otros y evalúa resultados:

- Varias veces nos presenta Mateo resúmenes de recorridos misioneros de Jesús por varias ciudades: (Mt 4,23-25 y 9,35-38). Él va a la cabeza, invita y acompaña en la misión; curando enfermos, ayudando en las necesidades humanas y evangelizando a los pobres (Mt 10,5-25).

- Consejos e instrucciones que da a los apóstoles. Ir y vivir como pobres. Llevar la paz. Aunque advierte que habrá no sólo dificultades, sino hasta enemigos (Mt 10,5-25).

- Resultados de las misiones: Unas ciudades no reciben la misión, ni la Palabra de Dios y hacen exclamar a Jesús: "¡Ay de ti Corazaím! ¡Ay de ti Betsaida!" (Mt 11, 20-24). Y otros sí reciben la Buena Nueva: los pobres y sencillos: "Yo te bendigo Padre..." (Mt 11,25-30).

Escoger para profundizar alguno de los textos típicos: (Mt 11,2-6; 10,5-25 ó 11, 20-30).
Ayudarse con las preguntas de ver, pensar y actuar para interpretar y actualizar el texto leído.

3) Parábolas de Jesús: (grupo plateado)

Aspecto: color plateado

Palabra clave: Parábolas

"Aquel día salió Jesús de casa y se sentó a orillas del mar. Y se reunió tanta gente junto a Él que tuvo que subir en una barca. Toda la gente quedaba en la ribera. Y les habló muchas cosas en parábolas" (Mt 13,1-3).

Proponemos color plateado porque una cosa plateada, decimos, parece de plata pero no es, pues las parábolas parece que dicen una cosa, un simple ejemplo o historia pero en realidad están dando un contenido más profundo, simbólico. No es que sea engaño, sino una enseñanza: Parece que está hablando de semilla de mostaza, o de perlas preciosas, pero no, Él está hablando de algo más profundo: El REINO.

0.3 ¿Por qué habla Jesús en parábolas?

Las parábolas de Jesús son comparaciones, ejemplos o historietas que propone para ayudar a los discípulos y al pueblo a entender el misterio del Reino. Otras están dirigidas a los enemigos para juzgar sus actitudes ante el Reino, para proponer algunas conclusiones sobre el mismo Reino.

Las parábolas son un cuestionamiento. Veintidós parábolas empiezan con una pregunta y otras preguntas al final... Nos invitan a participar para entender y para comportamos... Van a la acción de la vida para la vida.

Parábolas para entender el misterio del Reino: Sembrador, cizaña, tesoro, perla, red... (Mt 13, 4 ss).
Parábolas más como historietas para juzgar actitudes: obreros, de la viña (Mt 20,1-16). De los hijos (Mt 21,28-33). De los viñadores homicidas (Mt 21,33-42). Del banquete de bodas (Mt 22,1-14), etc.

Escoger para profundizar cualquiera de los textos típicos: Cizaña (Mt 13,24-30; 36-43) Obreros-viña (Mt 20,1-16).

Preguntas para profundizar con tres pasos:
Ver, pensar, actuar.
VER: ¿Qué nos dice Jesús? ¿Cuál es su mensaje principal?
PENSAR: ¿Por qué nos propone este sermón, instrucción o parábola? ¿Para qué nos sirven hoy estas palabras de Jesús?
ACTUAR: ¿Cómo podemos poner en práctica esta doctrina de Jesús? ¿Cómo podremos servir al Reino concretamente con nuestras obras y palabras?

Preparar plenario de Mateo:
Preparar el color-aspecto y su relación con el eje central.
Presentar en las manos una semilla y una mata de maíz.

LUCAS: EL EVANGELISTA DE LA LIBERTAD

Un símbolo:
Cadenas o lazos rotos.

Una frase:
Jesús, consagrado para liberar oprimidos y marginados.

Un texto:
"El espíritu del Señor está sobre mí,
porque me ha ungido, me ha enviado a
anunciar a los pobres la Buena Nueva y
proclamar la libertad a los cautivos"
(Lc. 4,18).

Un esquema:
Recordemos: Lucas es el evangelista, médico, profeta, nos
quiere presentar a Jesús como Salvador misericordioso, acepta-
do y rechazado. Su punto central es la presentación de Jesús
como Profeta consagrado con una misión liberadora en la justicia.

Cap. 1 y 2: Infancia del Niño Jesús. El nombre "JESÚS" significa 'Dios que salva'. Jesús es una fuerza profética que va a de-
rribar poderosos y levantar a los débiles, una visita que redimirá
al pueblo, una luz salvadora.

3, 4-13: Preparación del camino del Profeta y del Profeta
mismo.
4,14-9,50: Presentación de Jesús Profeta y su ministerio en
Galilea.
9, 51-19,27: Jesús, con ardor profético sube a Jerusalén,
donde mueren los profetas (Lc 13,33-34).
19,28-21,38: Jesús hace su ministerio profético en Jerusalén.
Realiza un signo profético en el Templo al expulsar a los comerciantes de la religión.

22 a 23: Pasión y muerte del Profeta Jesús.
24: Resurrección de Jesús: el SEÑOR.
Lucas, el Toro, comienza su evangelio ahí en el Templo, alrededor del altar, lugar semejante a donde habían matado al profeta Zacarías; (Lc 1,49-51).
A Jesús lo matarían en el altar del Calvario, en el ara de la cruz.

Jesucristo es la piedra del nuevo Templo que va a construir con su muerte y resurrección: "Pues qué es lo que está escrito" "La piedra que desecharon los constructores, en piedra angular se ha convertido" (Lc 20.17). Lucas nos presenta a Jesús desafiando ese templo: Ahí expulsa a los comerciantes (Lc 19,45-46) y pasa muchos días enseñando en el Templo (Lc 19,47 y 21,37).

Tres aspectos característicos que colorean el Evangelio de Lucas:
¿Recordamos cuáles colores tiene la calle de san Lucas?

1. Jesús salvador de los pobres (grupo café).
2. Jesús salvador de los pecadores (grupo negro).
3. Jesús salvador de las mujeres (grupo azul).

Cada grupo puede leer los tres aspectos sin detenerse a analizar los textos. Conviene considerar el mensaje central: **¿De qué y para qué libera Jesús?**

Enseguida cada grupo estudia el aspecto-color que le corresponde para profundizar sobre ese aspecto particular y leer el texto típico.

Para interpretar y actualizar, ayudarse con las preguntas y el esquema de los pasos: VER-PENSAR-ACTUAR que están al final.

Grupos de trabajo

1) Jesús salvador de los pobres: (grupo café)
Aspecto: color café

Palabra clave: Pobres.

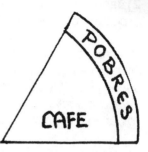

"*Cuando des un banquete, invita, llama a los pobres, a los lisiados, a los cojos, a los ciegos y serás dichoso, porque no te pueden corresponder, y se te recompensará en la resurrección de los justos*" (Lc 14,13-14).

Proponemos el color café porque los pobres a veces lo único que alcanzan a desayunar es un "café ralito".

0.1 ¿Por qué Jesucristo prefiere evangelizar a los pobres?

- Jesús mismo es pobre y mucho. Nace en un pesebre, vive de su trabajo artesanal, convive entre los pobres y los defiende, no tiene ni dónde reclinar su cabeza, al final hasta sus vestiduras le roban y muere desnudo (Lc 2,7; 9,58; 23,34).

- Jesús es una Buena Noticia para los pobres pastores, quienes son los primeros en irle a visitar. Jesús se presenta como consagrado con la misión de evangelizar a los pobres (Lc 6,20-22). Se llena de gozo porque los pobres reciben la Palabra de Dios (Lc 10,21-22). Ayuda, apoya a que se vaya haciendo la opción por los pobres (Lc 14,22-24). La Parábola de Lázaro y el rico Epulón (Lc 16,19-31). Es un total ponerse del lado de los pobres.

- Jesús manda no acumular riquezas, sino dejarlo todo por la justicia. (Lc 12,13-34).

Textos típicos sugeridos: (Lc 14,12-24; ó 16,19-31; ó 4,16-30). Ayudarse con las preguntas de ver, pensar y actuar para interpretar y actualizar el texto leído.

2) Jesús salvador de los pecadores: (grupo negro).
Aspecto: color negro

Palabra clave: Pecadores.
"No necesitan médico los que están sanos, sino los que están mal. No he venido a llamar a conversión a los justos, sino a los pecadores" (Lc 5,32).

Proponemos el color negro: El negro es la ausencia de todo color. El pecado es la ausencia del amor, la negación de Dios y del prójimo. Son las tinieblas.

0.2 ¿Quiénes son los pecadores y por qué los busca Jesús?

- Juan Bautista le prepara el camino a Jesús. Su predicación y bautismo están concentrados en la conversión de los pecadores. Les exige todo un cambio de vida, de manera de pensar y actuar: repartir con el que no tiene, no hacer injusticias, ni denuncias falsas (Lc 3,7-18; Lc 7,28-30).

- Y Jesús va a reconocer que precisamente los pecadores, publicanos y prostitutas, fueron quienes dieron frutos de conversión (Lc 7,36-50). Por buscar a los pecadores Jesús fue muy criticado y acusado de ser Él mismo un pecador: comelón, borracho, amigo de pecadores (Lc 7,34). Nos presenta varias escenas de encuentro con pecadores: la mujer prostituta que le unge los pies (Lc 7,36-50); la visita a casa del publicano Zaqueo (Lc 19,1-10). Come en casa de Leví con pecadores (Lc 5,29-32). Y hasta en el último momento de su vida la misericordia de Jesús salva al buen ladrón (Lc 23,19-42).

- Muchas parábolas que cuenta Lucas son para señalar esta actitud de Jesús ante los pecadores: En su capítulo 15 encontramos: la oveja perdida, la dracma perdida y el hijo pródigo perdido... Y encontramos a Dios buscando al pecador, levantándolo y gozándose por ese encuentro salvífico. En la parábola del Buen Samaritano (Lc 10,29-37) nos insiste Jesús en que muchas veces esos pecadores -los samaritanos eran considerados herejes- son los que practican la justicia y la misericordia, más que los que se piensan piadosos.

Textos típicos: (Lc 15,1-10; Lc 19,1-10; Lc 7,24-35).
Ayudarse con las preguntas de ver, pensar y actuar para interpretar y actualizar el texto leído.

3) Jesús salvador de las mujeres: (grupo azul)
Aspecto: color azul

Palabra clave: Mujeres.
"María, por su parte guardaba todas estas cosas y las meditaba en su corazón" (Lc 2,19).

Proponemos el color azul porque éste es el color del cielo y quizá por esto el pueblo ha escogido el azul como el color de María, símbolo de la MUJER, de su femineidad y maternidad.

La mujer en tiempo de Jesús estaba muy marginada. Lucas, que quiere sanar principalmente a los marginados, se preocupa por destacar los valores de la mujer, el papel tan importante que ellas desempeñaron en la vida de Jesús y en su apostolado.

¿Cómo trata Jesús a las mujeres?

- Jesús recibe la vida de María su Madre. Mujer de Dios y mujer del pueblo. María llena de gracia, es "la amada de Dios" y obe-

223

diente, cumple la voluntad del Padre para darle carne a su HIJO. Lleva a Jesús a los demás, a otras mujeres como Isabel, y Ana... Es mujer valiente y comprometida que cree en Dios libertador y espera en la liberación del pueblo: El cántico del MAGNIFICAT (Lc 1,46-56). Ella cría y educa a Jesús; le enseña a conocer y a vivir en medio del pueblo pobre y campesino y también le enseña la Palabra de Dios que está en las Escrituras y en la vida (Lc 2,51-52).

- Jesús convida también para su misión evangelizadora a las mujeres (Lc 8,1-3). Y estas mujeres serán las que al final estarán firmes al pie de la cruz (Lc 23,49; 55). Y ellas serán las primeras en ir a buscar al resucitado y comenzarán a dar testimonio de la resurrección, aunque los hombres no les creen (Lc 24,1-11).

- Jesús va ayudando y consolando a muchas mujeres. A la viuda de Naím que había perdido a su hijo único. "Al verla tuvo compasión de ella. Y le dijo: no llores" (Lc 7,11-17). Él observa y valora la vida y la acción de aquella mujer pobrísima que da una pequeña limosnita en el templo (Lc 21,1-4). Cura a la mujer aquella que tiene flujo de sangre (Lc 7,43-48) y resucita a aquella muchachita, a la hija de Jairo, de 12 años (Lc 8,49-56). Consuela a las hijas de Jerusalén que lloran compadecidas al verlo (Lc 23,27-29).

- Jesús sabe ser amigo de las mujeres. Visita la casa de sus amigas, Marta y María, para conversar con ellas, para estar a gusto (Lc 10,38-42).

Textos típicos sugeridos: (Lc 1,26-56 ó Lc 10,38-42; ó Lc 23,47-24,11).

Preguntas para profundizar en tres pasos:
VER: ¿Qué nos llama más la atención de las personas que nos presenta el Evangelio de Lucas? ¿Encontramos alguna situación de opresión o acción liberadora de Jesús?

PENSAR: ¿De qué esclavitud libera Jesús a esos marginados? y ¿Para qué?

ACTUAR: ¿Cómo cumplir Hoy este Evangelio? ¿A quiénes y cómo vamos a liberar?

Preparar Plenario de Lucas:
Explicar el color-aspecto y su relación con el mensaje central.
Presentar en las manos unas cadenas o lazos rotos.

JUAN: EL EVANGELISTA DE LA VIDA

Un símbolo:
Un pan y un vaso de agua

Una frase:
Jesús, la Palabra de Dios vivió, entre nosotros.

Un texto:
"Yo he venido para que tengan vida y la tengan en abundancia" (Jn 10,10).

Un esquema:
Recordamos que Juan es el evangelista teólogo y él supone que las comunidades ya conocen los otros Evangelios y la historia más o menos comentada de la vida de Jesús. Juan ayuda a leer los Evangelios ya escritos. Él sabe que Jesús hizo muchas obras, pero sólo escoge unas pocas señales para profundizar y así cimentar mejor la fe en Jesucristo y encontrarla en la vida.

Por eso concluye así su Evangelio: "Jesús realizó en presencia de sus discípulos otras muchas señales que no están escritas en este libro. Estas (señales) lo han sido para que creyendo tengan vida en su nombre" (Jn 20,30). Al Evangelio de Juan se le llama el Evangelio de las señales, porque Juan considera a las obras, a los milagros de Jesús como signos, señales que indican, muestran, señales, que revelan a Jesús. Por Él todo fue creado, con Él está el eterno Padre y en Él mismo existe la vida Eterna.

- **Capítulos 1,1-18: Prólogo:** Presentar a Jesús como señal reveladora de la Palabra Eterna en la historia. Jesús, Hijo de Dios e Hijo del Hombre. Dios y Hombre verdadero. Señal, porque es de carne y hueso y lo podemos ver y tocar. Señal gloriosa, porque Jesús es la Palabra de Dios, lleno de gracia y de verdad.
- **1,19-12,50:** El libro de las Señales. Jesús hace obras, milagros, acciones que son señales para que la multitud, el pueblo, encuentre la verdad, crea y viva.
- **13,1-20.29:** El libro de la Hora. La hora de Jesús es como el cumplimiento, la realización de la vida de Jesús para que se muestre su gloria, o sea, su ser de Hijo de Dios. Y esto que poco a poco se ha ido revelando en el momento de ser levantado en la cruz, en su muerte, es donde se dará la señal más fuerte y visible porque ahí actuará la plenitud del amor que culminará en la Resurrección.
- **20,30-31:** Primera conclusión: -Explicación de la finalidad del Evangelio de las señales.
- **21,1-24:** Epílogo.

Juan, el Águila, en el comienzo de su evangelio, remonta el vuelo hasta la eternidad de Dios, pero sin olvidar y dejar de mirar la tierra. Tiene vista de águila para ver arriba y para ver hacia abajo. Recalca la Encarnación del Verbo como parte integral y esencial de la Redención y nos presenta continuamente temas, vivencias del caminar del Pueblo de Dios: La creación-Génesis, el Éxodo-Moisés-maná, las fiestas del pueblo: Pascua, Tabernáculos... Y sobre todo la presencia de Dios como Yahvé: 'Yo Soy el que soy y estoy con ustedes', se hace realidad en Jesús quien también se presenta como 'Yo Soy'.

Tres aspectos característicos que colorean el Evangelio de JUAN:

¿Recordamos cuáles son los colores de la calle de san Juan?
1. Jesús realiza 7 señales-milagros (grupo rojo).
2. Jesús participa de las fiestas del pueblo (grupo anaranjado).
3. Jesús se presenta como "Yo Soy..." (grupo blanco).

Cada grupo puede leer los tres aspectos sin detenerse a analizar textos. Conviene considerar el mensaje central de Juan: **¿Cuál es la vida que Jesús ofrece?**

Al terminar esa lectura rápida cada grupo se centra en el aspecto-color que le corresponde. Para interpretar y actualizar ayudarse de las preguntas de los tres pasos: VER-PENSAR-ACTUAR que están al final.

Grupos de trabajo

1) Jesús realiza 'siete señales'-milagros: (grupo rojo).
Aspecto: Color rojo

Palabra clave: Milagros.

"Así, en Caná de Galilea, Jesús dio comienzo a sus señales. Y manifestó su gloria, y creyeron en Él sus discípulos" (Jn 2,11).

Proponemos el color rojo porque es el color más usado para poner avisos en las carreteras. Sirve para alertar; el semáforo rojo es para detenerse.

Juan, decíamos que nos ayuda a leer los otros evangelios, porque nos enseña a detenernos en 'las señales' y con la luz del Espíritu Santo saca "Rayos X" a los hechos. Los milagros o señales son el dedo que señala a la Señal. No nos quedemos mirando sólo el dedo, sino aquello que señala: a Jesús, Sacramento del Padre. "Quien me ve a mí, ve al Padre."

Pregunta para orientar el estudio:

0.1 ¿De qué manera podemos mirar los hechos y encontrar ahí señales de vida?
Los hechos vienen de abajo, pero el significado de arriba...
El número 7 es simbólico e indica plenitud.

Juan escoge siete tipos distintos de milagros y con fuerza simbólica los propone en su Evangelio:

Primera señal: Bodas de Canaán (Jn 2,1-12).
Segunda señal: Cura al hijo del funcionario público de Cafarnaúm (Jn 4,43-54).
Tercera señal: Curación del paralítico en la piscina de Betsaida (Jn 5,1-18).
Cuarta señal: Multiplicación de los panes (Jn 6,1-15).
Quinta señal: Jesús camina sobre el mar (Jn 6,16-21).
Sexta señal: Curación del ciego de nacimiento en Jerusalén (Jn 9,1-41).
Séptima señal: Resurrección de Lázaro, en Betania (Jn 11,1-44).

Escoger cualquiera de las señales-milagros como texto típico.
Ayudarse con las preguntas del final para interpretar y actualizar.

2) Jesús participa de las fiestas del pueblo:(grupo anaranjado).
Aspecto: color anaranjado

Palabra clave: Fiestas.

"El último día de la fiesta. El más solemne, puesto en pie Jesús gritó..." (Jn 7,37-38).

Proponemos anaranjado. En nuestras fiestas populares venden naranjas y es el color del sol. Nos gustan los días de fiesta asoleados.

Las fiestas, como vimos, tienen un sentido muy importante en la historia de Israel. En ellas se celebra la liberación de la esclavitud en Egipto: Pascua; las leyes de la hermandad dadas en el Sinaí: Pentecostés y la fiesta que celebra la travesía en el desierto: Tabernáculos o tiendas de campaña. Después del exilio los judíos acrecentaron más fiestas: La dedicación del Templo cuando reconstruyeron el destruido, y la fiesta de la expiación, con aquello del cabrito expiatorio.

Nos recuerdan la Alianza entre Dios y su pueblo.

0.2 ¿Qué sentido tienen para Jesús e Israel las fiestas populares?

Primera fiesta: Pascua: Ahí nos narra cómo Jesús purifica el Templo (Jn 2,13-25).

Segunda fiesta: Pentecostés: Es cuando hace el milagro de la piscina (Jn 5,1-3).

Tercera fiesta: Pascua: Parece que a esta fiesta no fue Jesús, sino sólo se le relaciona con la multiplicación de los panes. Quizá por sentido eucarístico pascual (Jn 6,4).

Cuarta fiesta: Tiendas de campaña: Jesús no quiere ir a esta fiesta porque ya la persecución es fuerte. Sin embargo, va y enseña durante la fiesta y grita: "Si alguno tiene sed, venga a mí y beba..." (Jn 7,2-39).

Quinta fiesta: Dedicación: Ahí le rodearon los judíos para saber si era el Cristo y les dice que Él y el Padre son una misma cosa. Por eso en esta fiesta quieren apedrear a Jesús, pero se les escapa (Jn 10,22-39).

Sexta fiesta: Pascua: Buscaban a Jesús y había orden de detenerlo. Ésta será la última Pascua de Jesús, en la que celebra la "Última Cena"y entra a la Pasión, Muerte, y Resurrección.

Para profundizar, como textos típicos tomar uno o dos textos de las fiestas:
Ayudarse con las preguntas de ver, pensar y actuar para interpretar y actualizar el texto leído.

3) Jesús se presenta:
Yo Soy (grupo blanco)
Aspecto: color blanco

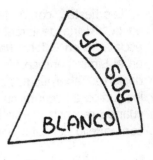

Palabra clave: Yo Soy

"Cuando hayan levantado al Hijo del Hombre, entonces sabrán que Yo Soy..." (Jn 8,28).

Proponemos el color blanco porque el color blanco nos recuerda el vestido resplandeciente, blanquísimo de Jesús en su transfiguración. Plenitud de su ser de Hijo de Dios. Revelación: Redescubrir el Rostro del Señor.

0.3 ¿Qué nos quiere decir Jesús cuando se nos presenta como Yo Soy?

Jesús se identifica ante los demás para que crean: En el diálogo con la Samaritana: *"Sé que ha de venir el Mesías, el llamado Cristo. Cuando Él venga, Él nos enseñará todo. Jesús le dice: Yo Soy el que contigo habla"* (Jn 4,26). Cuando se encuentra con el ciego recién curado: *"¿Tú crees en el Hijo del hombre? ¿Y quién es Señor para que crea en él? Jesús le dijo: Le has visto, el que está hablando contigo ése es..."* (Jn 9,36-37). Cuando los apóstoles no pueden avanzar en el mar por las olas y le ven caminar sobre las aguas, les dice: *"Soy Yo, no tengan miedo"* (Jn 6,20). A Pilato le dice: *"Yo Soy Rey"* (Jn 18,37).

Jesús, otras veces, al decir *"Yo Soy"* añade un símbolo para que podamos comprender mejor quién es Él: *"Yo Soy la Luz del mundo"* (Jn 8,12). *"Yo soy el Pan de la vida"* (Jn 6,35). *"Yo Soy la Puerta de las ovejas"* (Jn 10,7.9). *"Yo Soy el Buen Pastor"* (Jn 10,11.14). *"Yo Soy la Resurrección y la Vida"* (Jn 11,25). *"Yo Soy el Camino, la Verdad y la Vida"* (Jn 14,6). *"Yo Soy la Vid Verdadera"* (Jn 15,1).

Juan relaciona ese *"Yo Soy"* con el nombre de Yahvé del Antiguo Testamento como vemos en el capítulo 8. *"Yo Soy, el que doy testimonio de mí mismo..." "Yo Soy"* de arriba... porque si no creéis que *"Yo Soy"* moriréis en vuestros pecados... *"Cuando hayáis levantado al Hijo del hombre entonces sabréis que Yo Soy y que no hago nada por mi propia cuenta..." "Yo nunca estoy solo porque siempre hago lo que le agrada a mi Padre"* (Jn 8,12-30).

Más que estudiar un texto, sólo se sugiere pasar por varios.

Cada grupo se ayuda para interpretar y actualizar con las preguntas de los tres pasos:
VER: ¿Qué acciones más importantes se hacen en los textos que acabamos de leer? ¿Cuáles símbolos se proponen.

PENSAR: ¿Cuál es el significado vital, el simbolismo que encontramos?

ACTUAR: Ahora nosotros, ¿cómo podemos captar, ver, oír, los signos y señales de vida?

Preparar plenario de Juan:
Explicar color-aspecto y su relación con el mensaje central. Presentar en las manos pan y vaso de agua.

CONCLUSIÓN

Dinámica: La Plaza de la Resurrección

"No se asusten. Buscan a Jesús de Nazaret, el Crucificado. Ha resucitado" (Mt 28,5-6).

Objetivo:
Repasar y resumir lo estudiado en los cuatro evangelistas para ayudar a una mejor comprensión de cada Calle-Evangelio y una visión de conjunto del barrio de los Evangelios.

Material:

* Una mesa como base-monumento.
* Uno del grupo que revestido de blanco representará a Jesús resucitado.
* Llevará las cinco llagas: cuatro lenguas y un corazón pintado de rojo pegado en la ropa.
* Las cuatro calles que se representarán con cuatro bancas o tablas largas formando un cuadro-plaza.
* Todo el material simbólico que han utilizado en cada Evangelio.

Nombre Calle	Núm. Casas	Tipo Evangelista (objetos simbólicos)	Figura Principio	Camellón o Mensaje Central	Colores Característico.	Significado
Marcos	16	Periódico (periodista)	León	Cruz CRUCIFIXION	Arco iris Morado Gris	Multitudes Secreto mesiánico Persecuciones.
Mateo	28	Catecismo (catequista)	Hombre	Semilla-Mata REINO	Verde Pinto Plateado	Sermones Misiones Parábolas
Lucas	24	Medicinas (Médico cuerpo y alma)	Toro	Cadenas rotas LIBERTAD	Café Negro Azul	Pobres Pescadores Mujeres
Juan	21	Biblia (teólogo)	Aguila	Pan y Agua VIDA	Rojo Blanco Anaranjado	Señales YO - SOY Fiestas

Preparación de la celebración:

Los cuatros grupos que estudiaron los datos generales de los evangelistas y Evangelios y a quienes se les propuso componer un 'corrido' a su evangelista configuran la Plaza de la Resurrección, centro del barrio de los Evangelios: Una mesa al centro y cuatro bancas forman un cuadro. Cada grupo-comunidad se ubica en sus sillas detrás de la banca (calle) de su evangelista y lleva los objetos simbólicos de su Evangelio. Las cuatro comunidades ensayan sus cuatro corridos y preparan las oraciones para la celebración:

Marcos.- tres peticiones de perdón por crucificar a Jesús.
Mateo.- tres peticiones para que venga el Reino de Dios.
Lucas.- tres ofrecimientos para lograr la liberación-salvación de la humanidad.
Juan.- tres acciones de gracias por la vida humana y divina que nos ha dado Dios.

Liturgia de la Palabra o Eucaristía

- Sobre la mesa central se coloca la manta de la rueda de la Vida de Jesús, con sus seis etapas, 'Jesús Resucitado con sus cinco llagas gloriosas' va girando lentamente, con las manos en alto, mientras las cuatro comunidades cantan: Resucitó, Resucitó, Aleluya... (u otro canto).
- Los cuatro 'evangelistas': Marcos, Mateo, Lucas y Juan irán poniendo los objetos simbólicos sobre sus 'bancas' (calles).
- Los estilos de construir, de escribir: periódico, catecismo, cuaderno de historiador y libro.
- Las boca-calle y sus apodos (dibujos): León, Hombre, Toro, Águila.
- Los camellones: Cruz (Pasión), planta (Reino), cadenas (Liberación), pan y agua (Vida).
- Los tres colores característicos de cada Evangelio.
- Las comunidades de Marcos y Mateo, para motivar el comienzo de la celebración cantan su corrido y la terminar lo harán las comunidades de Lucas y Juan.

- La persona que preside la liturgia recuerda el significado de la Resurrección de Jesucristo para las comunidades, sus celebraciones y la formación de los Evangelios. Invita a comenzar la celebración[5].
- Tres peticiones de perdón por la comunidad de Marcos, frente a la cruz en alto.

Liturgia de la Palabra:

+ Leer (Hch 2,42-47).
+ Salmo responsorial. "Toda lengua proclame que Cristo Jesús es el Señor" (Fl 2,6-12).

+ Evangelio. Tomamos textos clave de cada Evangelio. Lectura del santo Evangelio según:

---

[5] Orientar sobre las diferencias entre Eucaristía y Liturgia de la Palabra, el hacer o no hacer la Consagración del Cuerpo y la Sangre de Cristo y los elementos comunes: oraciones, lectura de la Palabra, comunión.

San Marcos: "El hijo del hombre será entregado en manos de los hombres, lo matarán y a los tres días de haber muerto resucitará" (9, 31).

San Mateo: "Busquen primero el Reino y su justicia y todo se les dará por añadidura" (6,33).

San Lucas: "El espíritu del Señor está sobre mí, porque me ha ungido, me ha enviado a anunciar a los pobres la Buena Nueva y proclamar la libertad a los cautivos" (4,18).

San Juan "Yo he venido para que tengan vida y la tengan en abundancia" (10,10). O bien leer (Lc 1,1-4).

Breve comentario sobre los textos leídos (conviene ayudarse de los objetos simbólicos).

Tres súplicas por la comunidad de Mateo frente a 'la planta' del Reino.

Tres ofrendas o compromisos por la comunidad de Lucas con las cadenas rotas en alto.

Tres acciones de gracias por la vida con el pan y agua en alto. (Esto al final de la celebración).

La bendición. Sugerencias: Comenzamos nuestro curso con una lluvia de la Palabra, vimos la 'Esponja de la Memoria' emparse en el Río Jesucristo y por eso queremos complementar la bendición final con una bendición con agua. Sacamos esta agua del 'pozo del pueblo' y con la 'Esponja', Don Hecho y Doña Memoria pueden asperjar a los participantes del curso.

Pedimos a las comunidades de Lucas y Juan que nos canten sus 'corridos'.

También podemos bendecir con la Biblia. Los participantes ponen su Biblia abierta, sobre su corazón y en el momento de la bendición hacen con la Biblia la señal de la cruz.

La Palabra de Dios es como el pan. Podemos comenzar la convivencia con un compartir el pan material. "El Pan y la

Palabra son para compartir". Nos damos un pedacito unos a otros y así nos despedimos.

"Yo Soy el Pan de la Vida. Sus padres comieron maná
en el desierto y murieron... Aquí tienen el Pan que bajó
del cielo para que el que lo coma no muera...
Yo Soy el Pan Vivo bajado del cielo:
el que coma de este Pan
vivirá para siempre"
(Jn 6,48-49).

ÍNDICE

Se terminó de imprimir en los talleres de
Publicaciones Paulinas, S.A. de C.V.
Boulevard Capri 98, Lomas Estrella Primera Sección
09880 México, D.F. julio 2005 - Tiro 3,000 ejms.